コモンズと地方自治

財産区の過去・現在・未来

泉　留維・齋藤暖生・浅井美香・山下詠子［共著］
Rui Izumi, Haruo Saito, Mika Asai, Utako Yamashita

北條　浩［解題］
Hiroshi Hojo

J-FIC

まえがき

人口減少と高齢化が進む日本。その中で地域が主体性をもって自らの地域の再生を図るために、コモンズへの眼差しかつてなく強くなっている。コモンズとは、森林や牧草地、漁場などの自然資源を共同利用するあり方、あるいは資源そのものを意味する。地球環境問題への対応が迫られ、自然資源の持続可能な管理と利用が求められる中で、日本社会に息づいていた「入会《いりあい》」をはじめとするローカル・コモンズ（local commons）を、現代、そして未来に引き継いでいくことがますます重要になっている。

しかし、日本にはさまざまなローカル・コモンズがあり、その実態を正確に掴むことは難しい。ローカル・コモンズへの注目度が高まっているにもかかわらず、土地や人と結びついた、いわば“地に足のついた”議論を行いづらいというもどかしい現実が横たわっている。

本書は、こうした現状を打開すべく、ローカル・コモンズの中でも特に地方自治・行政とかかわりの深い「財産区」に焦点をあて、その歴史と現状を明らかにし、将来展望を試みたものである。「財産区」の実態を掴むために、全国 1,827 自治体を対象にアンケート調査を実施し、1,795 自治体（回収率 98.3％）から回答を得ることができた。その結果、全国に散在する 3,710 にのぼる「財産区」の“素顔”を多少なりとも知ることができた。

本書に収録されている論考と各種データが、今後の望ましい「コモンズと地方自治」の関係を構築する一助になれば、これに過ぎる幸せはない。

CONTENTS

資料編

第１章

財産区から迫る日本のコモンズ

第１節　いまなぜコモンズなのか？

2009（平成 21）年のノーベル経済学賞が、史上初めて女性研究者であるエリノア・オストロム（Elinor Ostrom）に授与されたというニュースは読者の皆様の記憶に新しいかと思う。オストロムの授賞理由となったのがコモンズについての研究業績であり、これによりコモンズへの注目は一躍高まった。「コモンズ」とは読者には聞き慣れない単語かもしれないが、実は私たちの生活に身近なものをも含む概念である。コモンズとは、自然資源の共同管理制度、および共同管理の対象である資源そのものを指す（井上・宮内, 2001：11 ）。

コモンズにはどのようなものがあるだろうか。例えば、かつては日本の農村地域では広く見られた里山がある。生活や農業生産に欠かせない薪や下草等を採るために使われていた里山（薪炭林）では、山へ入る期間や１回あたりの採取量などについて、明確なあるいは暗黙のルールが定められ、ルールを破った者には罰則が設けられていた。このような仕組みは「入会《いりあい》」と呼ばれた。先に述べたように、コモンズという言葉は資源を指す場合と、共同管理の制度を指す場合の二通りの使い方がなされているが、「入会」は制度としてのコモンズであり、その対象となっている山林は資源としてのコモンズと言える。ほかにも、農業用水、川や湖沼、海、草地、また温泉にも「入会」と同様の管理体制があり、これらの中にもコモンズがある。

里山や農業用水のように地域社会規模で成立し、自然資源にアクセスする権利が一定の集団・個人に限定されるコモンズはローカル・コモンズと呼ばれる。一方、地球規模で成立し、自然資源にアクセスする権利が一定の集団・個人に限定されないコモンズもある。たとえば大気や深海層、宇宙などであり、これらはグローバル・コモンズと呼ばれる。本書では特に断りがない場合、コモンズとは前者のローカル・コモンズを指すこととする。

コモンズは、古くから人々の生活に欠かせないものとして存在してきた。しかし、学界においてコモンズが注目されるようになったのは比較的新しく、この数十年のことである。コモンズが注目されるようになるきっかけをつくったのが、1968年、ハーディン（Garrett Hardin）によって書かれた「コモンズの悲劇」という論文である（Hardin, 1968)。この論文ではまず、共同牧草地で牛を放牧している合理的な思考をする牛飼いを想定している。各牛飼いは、自分が飼っている牛を１頭増やすと、その分の利益を得ることができる。一方で、牛飼いたちが牛の頭数を増やしすぎると牧草が食べ尽くされてしまうが、過放牧の結果生じる損失は牛飼い全員で負担される。そこで牛飼いは、過放牧による損失よりも牛を増やすことの利益のほうが大きいと判断し、際限なく牛を増やそうとする。その結果、牧草地は回復不可能な状態まで荒廃してしまう。これが「コモンズの悲劇」のシナリオである。ハーディンはこのシナリオをもとに、自然資源は共有ではなく、私有か国有かのいずれかをとるべきであると結論づけた。ハーディンの論文が与えたインパクトは大きく、自然資源の所有制度のあり方についての議論が活発化した。ハーディンが主張した、共有よりも私有や国有が優れているという論理は、発展途上国における資源政策に取り込まれ、それまでに住民が使ってきた自然資源も含めすべてが国有化される事態が生じた。

ところが、ハーディンのいう「コモンズの悲劇」がどれだけ現実のものとなったかというと、実際には「悲劇」になることは少なく、様々な工夫を凝らして資源を枯渇させることなく持続的に使っている例が非常に多いことがわかってきた。たとえば、資源の利用者がルールを設け、お互いにルール違反がないか監視しながら、外部者による資源の利用を防ぐ措置を設けるなどの工夫である。この論文の発表後、世界各地で漁業資源、森林、灌漑用水、農地、牧草地などの自然資源が地域住民の共同管理のもと、持続的な形で利用されてきたことを実証する論文が次々と報告された。コモンズの事例が報告されるだけでなく、コモンズである自然資源の性格づけ、コモンズを持続的に管理していくための組織、ルール、制度設計を明らかにする研究も蓄積されるようになっていった。ハーディン論文におけるコモンズの捉え方は間違ったものであることが指摘され、実際には共同牧草地はハーディンが想定したような誰もが自由に利用できる「オープン・アクセス」にはなっていないことなどが明らかにされていった。ハーディン自身も後に間違いを自ら認めることとなった。

ここで、2009 年にオストロムがノーベル経済学賞を受賞した意義について立ち返って考えてみよう。オストロムの授賞理由は、コモンズに関する分析による経済学的ガバナンス論への寄与であった。すなわち、コモンズの保全管理にあたっては、これまでに経済学的に有効とされていた市場や政府による管理だけではなく、地域住民など資源の利用者による自主的な共同管理という第三の道も有効であることが認められたことを指す。これまでの世界のコモンズ研究の成果が、現場の実践面でも貢献しうることが期待できる。

一方、日本においても、自然資源の持続可能な管理をするための仕組みという世界と同様の問題意識からコモンズ研究が興隆をみている。数多くの具体的事例からコモンズの研究が蓄積される過程では、コモンズ内部の分析だけでなくコモンズをとりまく外部主体とのかかわりをも含めた共同管理というテーマへと発展を遂げている。さらには、コモンズをめぐる環境ガバナンスや、コモンズの持つ公共性の追究が新たなテーマとして出現している（菅・三俣・井上, 2010 、三俣・菅・井上, 2010)。数々のコモンズの具体例を通して、市場と政府という二元的世界ではなしえない「何か」が次々と見いだされているのである。

第２節　コモンズとしての財産区

日本にも多種多様なコモンズが存在していることは、先に述べたとおりである。ところが、日本のどこにどのようなコモンズが存在しているのか、ということになると、これがほとんどわからないのが実態である。個々の地域社会を観察すれば、もちろんコモンズの詳細な実態を見いだすことはできるが、日本全体の分布や統計的情報はどこにも存在しない。そもそもコモンズである自然資源の種類がいくつもあり、しかもそれらを管轄している組織も異なる。あるいは、かりに所有面から把握しようとしても、所有面からだけではコモンズかどうかを判断できないものが少なくない。一方、コモンズの管理制度に着目すると、日本の法律では入会に関する権利として入会権（民法第 263 条および第 294 条）を認めているが、入会権は物権でありながら登記する制度がないため把握することができない。

日本におけるコモンズは、情報として把握可能な法的所有形態の観点からみれば、国有、市町村有、財産区有、一部事務組合有、協同組合有（生産森林組合や農事組合法人など）、社寺有、公益法人有、認可地縁団体有、個人有、記名共有など、ありとあらゆる法的所有形態をとっている。当然これらの所有物がすべてコモンズというわけではないため、所有名義別の情報がわかっても、その中にコモンズがどれだけあるかを知ることは不可能である。コモンズという自然資源の管理制度を社会における重要な制度の一つと捉え、今後のあり方を検討する上では、あまりにも基礎的な情報が足りていないのが日本の現状である。

そこで今回、我々が着目したのは、上記の所有形態の中の「財産区」である。その理由は、①把握のしやすさ、②ガバナンスの視点からの重要性、③平成の大合併による影響の把握、の３点に集約できる。以下、それぞれについて説明を加える。

①把握のしやすさ

財産区は、市町村合併前の町村有財産（公有財産）について、合併後もその区域が中心となって財産を管理するための制度である。明治期以降に日本で近代的地方自治制度が整えられていく中で、部落等が独自に管理・利用してきた入会財産の一部は町村有財産（公有財産）に組み込まれた。しかし、町村有財産になってからも、もとの部落等が独自に管理・利用することを求めたため、それを可能にするために創設されたのが財産区制度である。

こうした経緯から、財産区は他の法的所有形態とは異なり、その大半はもともと旧村管理の財産（川島・潮見・渡辺，1968：648-649）であり、政治・社会・経済情勢により管理や利用の形態を変えつつも、住民が共同で管理・利用するという伝統が継承されているコモンズである。さらに財産区は、法律上は特別地方公共団体と位置づけられ、財産区の執行機関は「市町村長」であることから、予決算や事業内容は毎年議会に報告されることが多い。そのため、各市町村においてある程度の情報を集約していることから、日本のコモンズの中では最も把握がしやすいと言える。

②ガバナンスの視点からの重要性

財産区をコモンズとしてみてみると、一般的なコモンズとは異なり、所有と管理のあり方において他にはない特殊性をもつ。ここで、コモンズを含む環境資源を所有制度からみた類型をみておこう。経済学者ブロムリーの整理によると、環境資源の所有制度は次の四つに分けられる（表１－１参照）。１番目は、すべての個人・団体による利用が可能で、所有に関しては誰のものでもない「オープン・アクセス」とも呼ばれる非所有制度である。２番目は、資源の所有権は国・地方公共団体にあり、管理・利用も公的機関が行う公的所有制度である。３番目は、特定のメンバーにより資源が管理され、公的所有でも私的所有でもない、共的所有制度である。４番目は、個人（私人）が資源を所有し、排他的に資源を利用できる、私的所有制度である（Bromley，1991：21-31）。日本におけるコモンズは、共的所有制度をとっている場合が多い。日本では所有権は非常に強い権利

表1－1　所有制度からみた環境資源の類型

所有制度	それぞれの制度下の資源の特性
非所有制度	すべての個人・団体によって利用が可能。その使用権は排他的権限でなく、共有であるが、所有に関しては誰のものでもないオープン・アクセスである
公的所有制度	資源の所有権は国・地方公共団体にあり、利用・管理の規則をつくることも公的機関が行っている。
共的所有制度	資源利用が特定できるメンバーによって管理されており、メンバーは資源の利用と維持に関して権利と義務を有している。
私的所有制度	資源の所有権は私人にあり、その私人は社会的に許容される範囲で、他人を排除し、資源を利用・収益・処分できる。

出典：Bromley, 1991：31

であることから、コモンズが共的所有制度にあることは、資源の管理・利用の際にも問題が起きることは少なくスムーズな運営をしやすい。

財産区は建前としては「公」有財産すなわち公的所有制度をとりながら、本来は当該住民による「共」的な管理がなされるものである。いわば「公」と「共」の狭間に位置するといえる。財産区は特別地方公共団体という形で公的団体として位置付けられていることから、公有財産に通じる様々な制約が課せられている。しかもそれらの制約には、かつて入会財産だった頃の管理・利用の仕組みとは相容れないものもある。そのため、共的所有制度をとるコモンズが抱えることのない財産区固有の問題が生じ、財産区の当該住民はそうした問題に対処する必要がある。

とりわけ平成の市町村合併により、現存する財産区の中には、いま大きな変化の時期を迎えているものもある。財産区は市町村のコントロール下に置かれているため、その市町村が合併により変化することの影響を受けざるを得ない立場にあるからである。この時期にどのような影響を受け、また課題が出てきているかは、今後の財産区制度を考える上で重要な点になるだろう。

また財産区は、ガバナンス論の視点からみても大変興味深いテーマといえる。現代の多様化している環境問題に対処するためには、ガバナンスの観点から問題の構造を捉え、解決策を検討することが有効である。環境問題は、科学的メカニズムだけでなく、空間スケールや関連主体が複雑かつ多様になってきているため、その解決には多様な行為主体（アクター）間で調整・連携していくことが欠かせないからである。「環境ガバナンス」は、松下・大野によると「上（政府）からの統治と下（市民社会）からの自治を統合し、持続可能な社会の構築に向け、関係する主体がその多様性と多元性を生かしながら積極的に関与し、問題解決を図るプロセス」と定義されている（松下・大野，2007：４）。環境ガバナンス論の分析テーマには森林や河川などの資源の管理のあり方も含まれる。これらはコモンズ論と重なる部分が大きく、コモンズは環境ガバナンス論において分析する際の好事例ともいえる。中でも財産区は、コモンズの管理・利用にかかわる主体として地域住民だけでなく地方自治体も重要な位置を占め、重層的で複雑なガバナンスのもとにあることから、環境ガバナンス論の有効性を論じる際の格好の試金石となるだろう。

さらに、コモンズとしての地域資源を管理する枠組みとして財産区が存在することは、地域自治の推進、さらには地域社会の発展にも大きな可能性を持つのではなかろうか。財産区が自主財源を持つことは地域自治活動の基盤としての重要性を持ち、資源を共同で管理する行為自体が地域の凝集性を高めることにつながる。また、地域資源を上手に活用することで地域自治活動の活性化に結びつくことも期待できる。

③平成の大合併の影響の把握

前述したように、財産区制度は、市町村合併に際して、旧来の自治体単位で財産を管理するために設置されるものである。これまで、いわゆる明治の大合併と昭和の大合併が行われ、それぞれ多くの財産区を生む契機となった。そして、近年にいたって、いわゆる「平成の大合併」が実行されたことは周知のことである。はたして、基礎自治体の範囲が極めて広域となるこの合併事業において、所有・管理形態を旧来の単位にとどめるものとして財産区制度はどれほど活用されたのだろうか。また、その実態は現在のコモンズをめぐる状況をいかに反映しているのであろうか。今回、我々が行った調査は、これらの疑問を探る格好の機会でもある。

第３節　本書の目的と構成

財産区は特別地方公共団体であることから、総務省は２種類の調査で財産区のおおよその現状を把握しているが、コモンズの実態把握という点では、総務省の調査結果は十分な情報だとはいえない。なぜなら、総務省調査は、調査の集計単位が都道府県もしくは市町村であり、個々の財産区の名前や設置年、財産種等の情報を把握していないからである。このように既存の調査では限界があることから、日本におけるコモンズの基礎的情報を積み上げるために、全市区町村を対象とした財産区の実態調査（以下、悉皆《しっかい》調査）を実施することとした。さらに、悉皆調査では捉えきれない財産区の現場の実態を知るために、悉皆調査の情報をもとにして現地調査を適宜実施した。

本書は、コモンズとしての財産区の現状を把握するために実施した悉皆調査および現地調査の結果に基づくものである。悉皆調査は、2007（平成19）年３月31日時点での財産区の状況について、同時点での全市区町村である1,827自治体（1,804市町村および23特別区）に対して質問用紙を郵送し実施した[※1]。最終的な回収率は98.3％となり、1,795自治体から回答を得ている。この結果から日本全体でのコモンズの一部である財産区の現状を明らかにする。さらに、悉皆調査と現時点での現地調査の結果から、コモンズとしての財産区の評価、また今次の市町村合併の影響および今後の課題について明らかにする。

財産区制度は複雑な沿革のうえに成り立っており、その特殊性を理解するのは容易なことではない。そのため、本書では、我々が行った悉皆調査の結果を述べる前に、財産区制度の沿革と制度的特性についてやや詳しい解説を置くこととした。本書の構成は次のとおりである。第２章では、財産区制度誕生までの沿革、

※１　どの財産が財産区であるのかは、必ずしも明確になっていない地域もあるが、本書では各地方自治体が地方自治法上の財産区であると認識しているものについて質問した。

および財産区設置に関する契機について整理する。特に江戸時代とは異なる性質の基礎自治体を設置した明治の大合併、そして全国規模で基礎自治体を整理した昭和の大合併といった政策と、部落等を単位とする自治組織との葛藤に着目する。この歴史的背景は、財産区制度の基本的性格を理解する下地となる。第３章においては財産区制度の特徴を詳細に説明する。特にガバナンスの視点から重要な、制度における原則と実態のギャップに着目する。続く第４章では、我々が実施した質問用紙を用いた悉皆調査の結果に基づき、財産区の現状および平成の大合併に伴う財産区の動向について取り上げる。特に、明治および昭和の大合併との比較をしながら、今日の財産区の位置づけや特徴について明らかにする。そして第５章では、悉皆調査および現地調査の結果を踏まえた財産区の課題を明らかにし、財産区の将来を展望する。最後に資料編という形で、全市区町村の財産区の設置状況、並びに個々の財産区の概要などを掲載する。

第2章

財産区の歴史をひもとく

第1節　多様な地域資源の管理

財産区がかかわる「財産」は、動産や不動産を問わず、非常に様々なものである。財産区では基本的に、地域のありとあらゆる資源を保有、管理することが行われうるが、たとえば次のような資源が扱われている。

＜山林＞

財産区が扱う財産の代表格が山林である。たとえば、長野県上伊那郡箕輪町には住民による熱心な山林管理が続く財産区が多い。箕輪町の木下財産区は205haの林野を所有し、５名の山野委員が中心となって事業計画を策定する。この計画にしたがい、山野委員を含む区議会議員が山林管理—下草刈・間伐・造林、境界確認や松食い虫被害予防のための巡視—を行う。山林管理に加え、山の神祭典も行う。2008（平成20）年度事業計画によるとその回数は年26回に及ぶ。財産区民である約1,200人は年１回の山野夫役が義務づけられる。例年、550名前後が山野夫役に参加する。財産区では、カタクリやミズバショウが観察できる遊歩道の設置や、ブナ林を後世に残すためにブナ林の下草刈も実施した。

写真２－１　地元住民によって熱心に管理されている財産区有林の入り口（長野県箕輪町木下財産区）
（撮影：2008 年 3 月 14 日）

＜畑＞

山梨県の茅ヶ岳山麓は、県有数の農業地域であり、ブドウ・リンゴなどの果樹をはじめ、浅尾大根という地名を冠した大根がよく知られている。この地域には、土地を畑として利活用する北杜市浅尾原財産区がある。財産区は 246ha の土地を所有し、その 46% にあたる 114ha は畑である。1990 年から、配水・散水の工事、道路・排水路の設置や区画整理を目的とした「畑地帯総合整備事業」も実施されている（浅尾原共有地組合，2001）。現在では、財産区民 1,101 人うち 98 人が畑を借りており、その他区民以外や果樹栽培者でも農業振興公社を通せば財産区の土地を利用できる。

写真２－２　貸し出しによって運営される財産区有の畑（山梨県北杜市浅尾原財産区）
（撮影：2007 年 10 月 16 日）

＜ため池（用水池）＞

兵庫県には、全国でもっとも多いおよそ４万にのぼるため池があるといわれているが、1960 年代～ 90 年代にかけて、ため池の約１割が潰廃され、市街地に近いため池は、公共用地・工業用地を確保するために、一部廃止・埋立てが頻繁に行われた（今田ほか , 2008：239）。ため池は、もともと集落有のものが多かったが、現在、財産区有も少なからず存在する。兵庫県では 491 の財産区を確認しているが、そのうち 255 の財産区においてため池を所有している。例えば、兵庫県加古川市にある成井村財産区は、主に水田に供給される水を貯水するため池（総貯水量 16,000m^3、受益面積 42ha）を主な財産として所有している。成井地区の町内会から６名の代表者を財産区の管理委員会に出しており、また 2005（平成 17）年には成井町内会、成井水利委員、老人会、婦人会、子供会、消防団と共同

写真２－３　財産区民によって定期的に管理されるため池（兵庫県加古川市成井村財産区）
（撮影：2007 年８月 29 日、今田美穂氏提供）

して成井ため池協議会をつくり、ため池改修や今後どのようにして維持管理をしていったらよいかなどの議論を重ねている。

＜墓地＞

京都府長岡京市の奥海印寺財産区は、1889（明治 22）年に設置された財産区である。この財産区が所在する地区の自治会である奥海印寺区にはおよそ 1,100 世帯が加入しており、このうち、およそ 950 世帯が財産区に関係する住人であるという。この財産区では、２ヵ所の墓地を所有・管理している。財産区に関係する住民は墓地管理費と清掃費を支払って墓地を利用している。財産区に関係していない住民の場合は、墓地管理費について、高く設定されている。この財産区は議会制をとっており、８人の議員がいる。墓地内の道の掃除などの管理活動は、財産区が費用負担し、財産区議員の手によって行われている。

写真２－４　住宅街に残る財産区有墓地（京都府長岡京市奥海印寺財産区）
（撮影：2008 年２月 13 日）

＜温泉＞

長野県上田市の別所温泉財産区は、温泉を所有、管理する財産区である。旧・別所村で温泉を所有していたが、1956（昭和 31）年に周辺町村と合併し塩田町となる際に財産区が設置され、上田市に編入後もそのまま引き継がれ、いまに至っている。別所温泉財産区は、地区内のほぼすべての源泉を所有し、共同浴場、共同洗い場、旅館、その他観光施設に配湯を行っている。共同浴場を除く配湯先から、財産区に配湯料が支払われる。旅館の場合、月額単価は 35,660 円 / ℓ ・分と定められている。財産区はまた共同浴場を営業している。番台や清掃は、財産区が地区住民もしくは業者に業務委託している。配湯料および共同浴場の入浴料による収入によって、源泉のモニタリング調査など、温泉設備の維持管理が行われている（齋藤・三俣，2011）。

写真２－５　財産区により管理される別所温泉の共同浴場（長野県上田市別所財産区）
（撮影：2004 年 12 月 28 日）

＜観光農園＞

福島県伊達市の富成財産区は、168ha もの土地を所有し、その内 7.7ha は養蚕業のための桑園として長い間利用されてきた。しかし、1990 年代半ばに桑園としての利用が終了すると、荒れ放題となった。そこで、2002（平成 14）年から県の緊急雇用創出基金事業等の補助を活用し、桑を伐採し、ワラビを移植し、わらび園の開設を目指した。2011（平成 23）年現在、5.3ha をわらび園として整備し、3.2ha を財産区が直接管理し、残りは市民に貸している。財産区はワラビが生える４月と５月に、週２回、観光わらび園を開く。2010（平成 22）年度は 11 回開園し、216 名が入園料 1,800 円を支払い、ワラビ採りを楽しんだ。富成小学校と柱沢小学校の１、２年生の約 60 人は、ここでワラビ採りを体験する。2010 年度、わらび園の収支は赤字となっており、事業継続に課題が残るものの、財産

写真２－６　春の早朝、財産区のわらび園に繰り出す人々（福島県伊達市富成財産区）
（撮影：2008 年 4 月 27 日、菅野欣一氏提供）

区が結節点となり、遊休農地の解消、地域資源の魅力の発掘、総合学習の場の提供をしている。

以上、必ずしも代表的な事例というわけではないが、山林、畑、ため池、墓地、温泉などといった資源にかかわる財産区を１ヵ所ずつ取り上げた。実際にはもっと多様な資源が扱われており、このような様々な地域資源を所有または管理している財産区の詳細について次節からみていこう。

第２節　財産区制度の沿革

財産区は、1889（明治 22）年に市制・町村制が施行されて以来、主として市町村の一部で財産を有しまたは公の施設を設けているものをさす。さらに後に、市町村および特別区の「廃置分合（市町村の合体、編入、分割、分立の総称）」もしくは境界変更の際に、財産処分に関する協議に基づき市町村および特別区の一部が財産を有しまたは公の施設を設けるものも含まれるようになる。前者は「旧財産区」、後者は「新財産区」とよばれている。

財産区は、市町村の一部に当該財産に対する独立な権利主体たる地位を認めたものであり、地方自治法上、図２－１で示しているとおり、市町村と別個の法人格をもつ特別地方公共団体として扱われている（地方自治法第１条の３）。特別地方公共団体は、一般に政策的な見地から、行政手段として作り出されたものである。なお、財産区は、「当該財産ないし公の施設の所有主体であるが、一般公共団体のように広範な権利能力をもつわけではなく、当該財産ないし公の施設を管理し処分するという目的を果すに必要な限度での権利能力をもつにすぎない」（川島・潮見・渡辺編 , 1968：643）と解釈されている。

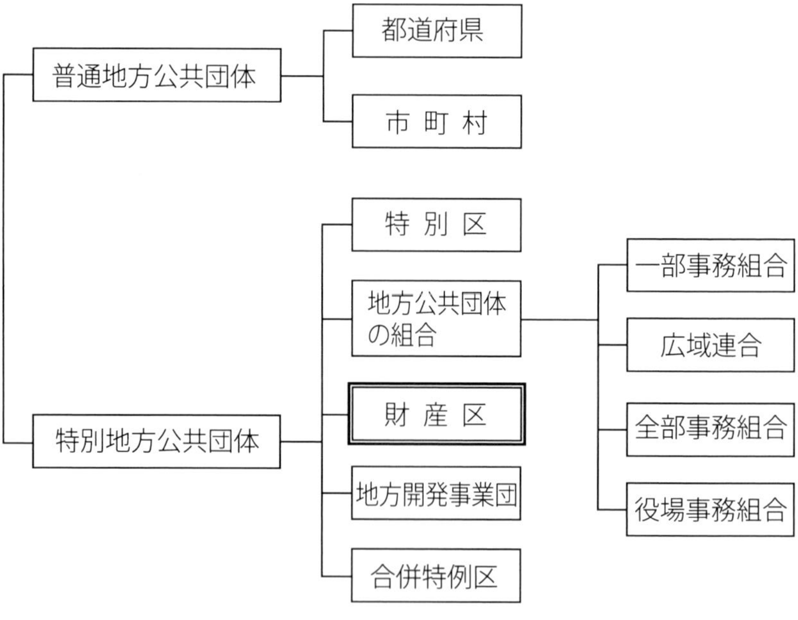

図２－１　地方公共団体の種類

表２－１　財産区略年表

年月	財産区に関する法律等	備考
1868（明治元）	明治維新	
1873（明治６）	地租改正法　公布	
1874（明治７）	地所名称区別改正布告、官民有区分の達	
1888（明治 21）	合併標準に関する訓令	明治の大合併
1889（明治 22）	市制・町村制　施行	旧財産区・旧慣使用権を規定
1898（明治 31）	民法　施行	入会権を規定
1899（明治 32）	国有林野法　施行	国有林野の縁故払下による新たな財産取得が可能になる
1910（明治 43）	部落有林野統一事業　開始	
1919（大正８）	部落有林野統一事業　条件付統一も認定	
1939（昭和 14）	部落有林野統一事業　終了	形式市町村有・実質部落有たる形態が広範に出現
1947（昭和 22）	地方自治法　一部施行	
1953（昭和 28）	町村合併促進法　施行	新財産区の規定、昭和の大合併
1954（昭和 29）	地方自治法　一部改正	財産区管理会の新設
1999（平成 11）	地方分権の推進を図るための関係法律の整備等に関する法律　一部施行	平成の大合併

地方自治行政では、市町村より下位の大字、部落に独立の法人格を与えないのが建前であったのだが、上記のように財産区制度は、市町村の一部に対してその権利主体性を承認しており、建前とは矛盾したものとなっている。このような矛盾した制度が存在する理由を検討するには、成立の経緯を知ることが肝要である。そこで、本節では、徳川時代の「むら」の財産がどのように財産区の財産として認識され、制度化がなされたかを、順をおって説明していくことにする。なお、明治期からの財産区をめぐる動向の概略を表２－１にまとめた。

（１）財産区前史─村持財産を管理・利用する入会集団

徳川時代、現在の大字や集落など当時の「むら」を単位として、そこに住む住民が、林野、ため池・水路等の水利施設、墓地、宅地など、多様な財産を共同で管理・利用していた。村持の林野、すなわち村持山は、もっとも重要な意義を持つものであり、農業には刈敷《かりしき》、堆肥などの原料を、また生活には薪炭材、用材などを供給し、農民個人（各「家」）の農業（林業・牧畜を含む）経営および消費生活の維持・再生産のために必要不可欠な存在であった。住民である入会権者は、入会集団（私的自治団体）を組織すると同時に、資源の乱用を防ぎ、その再生産を維持するために、①利用時期の制限、②使用道具の制限、③採取量の制限、などの独自の規約を設けていた。川島・潮見・渡辺編（1968：610）では、村持山がもともと、個人の私的生産および私的生活をもっぱら支えるための、純粋に私的利益に奉仕するための財産であったという歴史的事実に基づき、その意味で入会財産はもともと人民の私有財産―ただし単独のではなく、共同の財産―であったと評価している。

（2）明治期の官民有区分の影響―入会地の官有と民有への分離

しかし、「むら」の財産は、明治維新後の制度改革によって、この私有財産性を否認され、国有化・公有化の道を歩むことになる。明治の制度改革のうち、「入会」に決定的な影響を及ぼしたのは、「近代的所有権」の導入である。土地に関する所有権は、まず1872（明治５）年の地所永代売買解禁・地券交付にはじまる地租改正事業により導入された。地租改正は、地価を算定し、一定率の適用によって金納制を採用するというものであり、地価を算定する前提として、土地所有権の確認作業を必要とした。1874（明治７）年の太政官布告「地所名称区別改正」による官民有区分事業では、無税となる官有地（国有地）と地租徴収の対象となり地券が交付される民有地に分けられた。民有地として認定される基準は厳しく、基本的に、「天然草木を利用するだけで積極的に培養しなかった土地」や「所有権がはっきりしない土地」は、官有地に編入するという方針がとられた（杉原 , 1994：116、室田・三俣 , 2004：11 など）。とりわけ林野は、刈敷・堆肥などの原料や薪炭材の採取といった自給的利用が主であったことや、行政庁からみると所有関係が不明瞭であったことから、官有地に編入されたものが多かった。

地租改正で官有地編入をまぬがれ、民有地となった入会地については、政府の方針が必ずしも一貫していなかったが、政府はこれを公有財産とはみなさず、人民共有の私有財産とする傾向が強かった。そのため、入会集団が使用収益はもとより管理処分についても、自主的に行う利用形態が続いた（川島・潮見・渡辺編，1968：294、渡辺編，1974：11）。

（３）町村制―村持財産の公有化政策

こうした政府の方針は、1889（明治22）年に町村制が施行される少し前から若干の変更を伴った。政府は、村持の入会財産をも私有財産ではなく公共財産として扱うに至り、公有財産としての部落有財産という観念が創出されるに至ったのである（渡辺編，1974：12）。その経緯は、次のとおりである。

川島・潮見・渡辺編（1968：610）によると、入会地が地租改正をうけてどのような名義で地券を取得したかは、それぞれの地域内部の歴史的事情によって規定されていた。その所有名義は、大別して二つに分けることができる。その一つは個人有、記名共有の場合のように、個人が名を連ねる場合であり、他の一つは、旧村有、大字有、組有など要するに個人の名があらわれず、徳川時代の「村」を中心とする団体が団体としての名義で地券をうける場合である。そのどちらを選択するかは、さまざまの便宜ないし形式の問題であり、入会地およびそこにおける慣習上の権利関係の実態とはその時点においては関係のないものであった。ところが、その名義の如何は、後年の法的な取り扱いに大きな差異をもたらすことになる。

それは、市制・町村制の施行を契機に、「村」の概念が変質したことに起因する。渡辺編（1974：29-30）によると、徳川時代の「村」は、私法集団と公法集団との統一体であった（私法と公法の未分化）。それは一方において、農民共同の私有財産（林野・用水等）を支配管理し、農民の私的生産、私的生活を可能ならしめる物質的諸条件を供給するための組織であったとともに、同時に領主権力の政治的支配を支える末端の行政組織であった。明治以降の近代法制度の展開に伴って、「村」のこのような二重組織性は消滅し、私法集団すなわち農民の生産・生活のために必要な共同経済組織としての「ムラ」と、公法集団すなわち地方自治行政の組織単位ないし地方公共団体としての「村」とに分化せざるをえないことになった（私法と公法の分離）。

現代の法理論では、通常、近代的な法律・町村制のもと、入会集団として総有していた入会財産は、旧「村」が行政村となったのを契機に分離独立して純粋な入会集団の私有財産になったと解釈されている（川島・潮見・渡辺編 , 1968：614）。他方で、当時の行政庁はこのような解釈をとらず、合併後の旧「村」の財産はすべて、町村制第 114 条の「町村の一部」の財産となったという解釈をとった。そのため、団体名義で地券を受けたものは、町村ないし部落の公有財産であると把握され、従来、暗黙のうちに想定されていた私有財産性が政府当局によって否認されるようになった（川島・潮見・渡辺編 , 1968：610）。

（4）旧財産区の創設

しかしながら、入会財産を公有財産たる部落有財産としてとらえて、これを市町村会のコントロールに置くという政府の方針は、広範な農民の不安と抵抗をよび起こした（渡辺編 , 1974：13）。

政府は、行政上の目的（教育、徴税、土木、救済、戸籍の事務処理）に合った規模と自治体としての町村の単位（「村」）との隔たりをなくし、市町村の財政基盤を強化するために町村合併を促進したかったが、村持財産の帰属問題により、合併が円滑に進まないことを憂慮した。このため、農民の反対をやわらげ、不安を減らすことを意図して、町村制に次の二つの規定を設けた。

その一つは、公有地上の入会慣行を保障するような「旧慣使用権」の規定（町村制第 83 条）である。ただし、行政当局は、この権利を「民法上の権利」（第 82 条、84 条、86 条）と区別された「条例の権利」としてとらえ、それを「市町村住民タル資格ニ随伴スル使用権」（理由書）とし、市町村の必要により使用を制限し、または取り上げうるものとした（川島・潮見・渡辺編 , 1968：612）。部落有林野における入会慣行の権利についての法律上の地位については、地方自治法―旧町村制を引き継ぐ旧慣使用権―と、民法―入会権の規定―の公・私の法律があり、しかも両者が矛盾しているため、現在でも、部落有財産の法的性質を理解する際の問題となっている（武井・熊谷・黒木・中尾編 , 1989：64）。

表２－２　市町村合併の沿革

時代	合併状況	推進する法令	目的	左記の背景にあるもの
【第１期】 1888～1889年 明治の大合併	71,314自然村 →15,859市町村	市制・町村制 (1899)	組合町村の解消 都市化の推進 戦争の遂行	近代国家としての統治機構整備
【第２期】 1953～1961年 昭和の大合併	9,868市町村 →3,472市町村	町村合併促進法 (1953) 新市町村建設促進法（1956）	小規模町村の解消	戦後復興・民主化政策・地方財政の逼迫・シャウプ勧告
【第３期】 2000～2010年 平成の大合併	3,232市町村 →1,727市町村	市町村の合併の特に関する法律改正 (1995) 市町村の合併の特例等に関する法律 (2005)	地方分権の改革 地方行政改革の推進	公的部門の財政破綻・危機

出典：三俣（2006）、総務省（2010）

農民に対する妥協策としてとられたもう一つの規定は、財産区の設定であった。町村制第114条および115条により、部落有林野やため池などに、固有の議決機関として区会または区総会を設けることを認めた※2。このように設置された財産区は、現在、「旧財産区」と呼ばれている。区会または区総会は部落有財産の管理および処分に関し、町村議会に代わって議決することができる。ただし、政府当局は、区会または区総会の設置について、やむをえない例外的措置であるとみていただけでなく、設置するかしないかを府県の自由裁量に任せていた※3。そのため、区会条例を制定して区会または区総会を設置した例は多くない。

区会または区総会を設置したものは、一応財産区として扱われたが、これらを設置しない部落有財産については、それが「市町村の一部」としての財産つまり財産区財産なのか、それとも部落住民共同の入会財産なのかが、問題となる。前者ならば、その管理処分について町村議会が議決権を持つことになり、後者なら

※2　ただし、財産区という名称は戦後の地方自治法（1947（昭和22）年4月17日法律67号）によって初めて法規上正式に使用された。それまでは、区会または区総会を設けている町村の一部について、通称として「財産区」と呼ばれることがあった（川島・潮見・渡辺編，1968：299）。講釈学上で「財産区」という用語が使われ始め、大正初期には定着していたと推察されている（小林，1972：76-78）。
※3 「区会設置上ノ注意通牒（1891（明治24）年4月25日）」参照。

ば、町村議会の議決を必要としないことになり、取扱いに差異が生じてくる（川島・潮見・渡辺編, 1968：299-300）。法条に明確性を欠いていることや、裁判所（判例）と行政庁の見解が異なることなどから、現在でも、部落有財産が財産区財産か否かの判別が難しい状況となっている（渡辺編, 1974：40-51、武井・熊谷・黒木・中尾編, 1989：64-65など）。

なお、明治22年に始まる大規模な市町村合併の沿革を表２－２にまとめた。

（５）部落有林野統一事業――部落有財産の市町村への取り込み

部落有財産のうち林野は、1910（明治43）年からはじまる部落有林野統一事業によって、市町村有林野への統合が図られた。当時の内務省は部落の存在を制度上認めていなかったので、部落有林野を市町村へ編入し、日露戦争後弱体化していた市町村の財政を立て直すことを目指していた。また、農林省山林局は、部落有林野の整理統合後に管理区分を行い、市町村による人工造林を奨励することを計画していた。

ところが、部落有林野の地盤・毛上の林木等すべてを無償・無条件で新市町村に編入するという統一政策は政府が意図したようには進まなかった。1912（大正元）年になっても、管理処分の決まった公有林野は306,747町歩（森林として管理するもの176,088町歩、森林として管理しないもの130,659町歩）で、施業方法が決まったものは、809,913町歩（森林地678,796町歩、森林として管理すべきもの131,659町歩）で、これらは全公有林野の15％にすぎなかった（川島・潮見・渡辺編, 1968：311）。このような部落有林野統一の停滞を脱するために、1919（大正８）年に政府は、従来の無条件統一政策を緩和し、条件付統一も認めるようになった。政府の認めた条件とは、部落に、（１）適度の分割を認める、（２）産物を採取させる、造林収益を分与する、（３）地上権ないし分収林[※4]の方法により造林させる、などであった。部落有林野統一政策は、条件付統一へと緩和されてから一時促進したものの、その後停滞し、1939（昭和14）年には終

※４　ある森林において、その土地所有者以外の者が費用負担をして造林・育林し、収穫の際に所有者と収益を分け合う方法をいう。

結した。

統一政策の結果、旧部落有地は、無条件統一地、条件付統一地、未統一地の三つの類型に区別されるに至った。統一面積は、1,996,886 町歩であり、このうち条件付統一面積は、1,400,592 町歩（約 70%）となっている。また、未統一地、すなわち部落有林野のまま残されたものが、約 700,000 町歩あるといわれる（川島・潮見・渡辺編，1968：317-319）。こうして、部落有林野統一政策は、条件付統一地として形式市町村有・実質部落有たる形態を広範に出現させたのである。この３類型のうち、どの道をたどったかによって、次に説明する新財産区の性格が大きく異なることになる。

（6）昭和の大合併と新財産区の設置

第二次世界大戦後、市制・町村制に代わり新たに地方自治法（1947（昭和 22）年４月 17 日法律第 67 号）が施行されたが、公有地入会については、基本的には戦前の市制・町村制の規定が引き継がれた（川島・潮見・渡辺編，1968：401）。

戦後、市町村の事務には新制中学校の設置管理などの新しい事務が加えられ、これらの行政事務の効率的処理を目的として、中央政府の視点において市町村は規模拡大という合理化が必要とみなされた。これを受けて、1953（昭和 28）年には町村合併促進法（1953（昭和 28）年９年１日法律第 258 号）が施行され、約 8,000 人以上の住民を標準規模とする町村を目指して、町村合併が図られた。いわゆる「昭和の大合併」である。

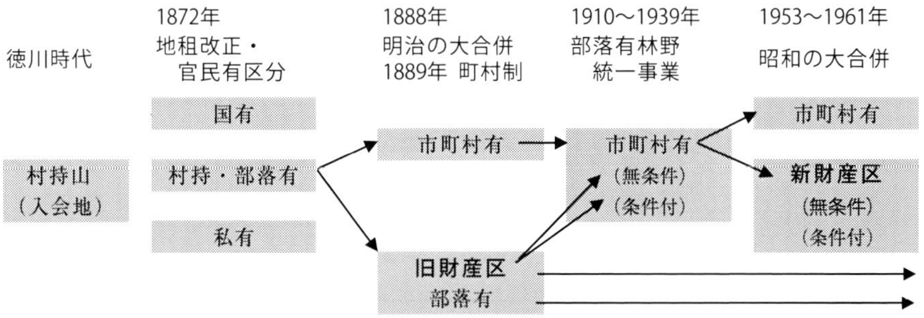

図２－２　財産区成立の沿革

しかし、とりわけ林野の帰属問題に関して町村間ないし町村の住民間で利害が対立し、町村合併が進展しない懸念があった。そのため、合併促進法では、町村合併に際し、「新財産区」を設定しうる道を開いた（町村合併促進法第23条第4項）。すなわち、合併関係町村の協議によって、合併関係町村に属していた区域を単位とする財産区の設定を認めた。

この結果、現在の財産区は、部落を単位とし、入会財産としての実質を残す旧財産区（実質入会・形式旧財産区）、旧町村を単位とするが部落の入会慣行の存続している条件付財産区（実質入会・形式新財産区）、さらに無条件統一地を引き継ぐ、もしくは、財産区設置後の入会権解体により、旧町村の実質的支配がおよんでいる純粋財産区と、三つのタイプの財産区が設置されるに至った（渡辺編, 1974：19-20）。

1954（昭和29）年の地方自治法の改正では、財産区の機関として新たに財産区管理会の制度を設けると同時に、さらに財産区に対する知事の監督権限を強める等、財産区の規定を整備し、今日に至っている（渡辺編, 1974：18）。

第3節　財産区に関する規定の変遷

財産区（市制・町村制においては、市もしくは町村の一部＝区）に関する規定は、時代を追うごとに書き換え、もしくは書き加えられ、より明確、詳細なものとなってきた。前節までみてきたように、地方自治法第294～297条に定められる財産区に関する諸規定は、ローカル・コモンズすなわち入会林野の慣習を引き継ぐ運営様式とのズレがあり、第3章第4節で取り上げるいくつかの事例にもみるように、その自律性を著しく脅かす要因となっている。ここでは、財産区に関する規定がどのような過程を経て、現在のような形になったのか、その変遷を追うこととする。この変遷についての概観を表2－3に示す。

（1）町村制[※5]の施行

1889（明治 22）年に施行された町村制では、現在の財産区にあたる区に関する規定は、第 114 条および第 115 条のわずか２条項のみである。

【第 114 条】町村内ノ區（第六十四條）又ハ町村内ノ一部若クハ合併町村（第四條）ニシテ別ニ其區域ヲ在シテ一區ヲ爲スモノ特別ニ財産ヲ所有シ若クハ營造物ヲ設ケ其一區限リ特ニ其費用（第九十九條）ヲ負擔スルトキハ郡参事會ハ其町村會ノ意見ヲ聞キ條例ヲ發行シ財産及營造物ニ關スル事務ノ爲メ區會又ハ區總會ヲ設クルコトヲ得其會議ハ町村會ノ例ヲ適用スルコトヲ得

【第 115 条】前條ニ記載スル事務ハ町村ノ行政ニ關スル規則ニ依リ町村長之ヲ管理ス可シ但區ノ出納及會計ノ事務ハ之ヲ分別ス可シ

町村の一部に独立の人格を認めるということは、政府にとってはやむを得ずして妥協した結果であった。すなわち、政府にとっては、これは例外的措置であるという重要な前提がある。町村制に附された理由書「町村制理由」では、「一町村内ニ独立スル小組織ヲ存続シ又ハ造成スルコトヲ欲スルニアラス」と、明確にその意図が示されている（北條，2001：70-72）。

第 114 条は、例外として該当する町村の一部を限定したうえで、町村とは独立の機関の性格を規定したものである。例外を認めうる町村の一部（区）とは、「特別ニ財産ヲ所有シ若クハ營造物ヲ設ケ」るものであり、かつその費用をその区が負担するものであると限定される。この条件を満たすものに限り、区会もしくは区総会という独立の機関の設置への道が開かれるのである。この設置へも郡参事会が町村会の意見を聞いたうえでなければならならないという制限が加えられている。また、前掲の「町村制理由」で「造成スルコトヲ欲スルニアラス」とあるように、新たに町村の一部（区）を設置することは認められない、という解釈がとられていた（渡辺ほか，1959a：69-70）。

第 115 条では、この特別に認めた区（＝ローカル・コモンズ）が、町村の首長

※５　市制の中で規定する条項の番号は異なるものの、内容は同様であるので、ここでは市制における規定は割愛し町村制についてのみ扱うこととする。

表２－３　財産区に関する法規定の主要な変遷

契機	町村制施行	町村制改正
時期	明治22（1889）年	明治44（1911）年
財産区の定義	町村の一部で財産を所有したり施設を設けているもの（第114条）	同左（第124条）
財産区の会計	区は財産または営造物に関する費用を負担する（第114条）	同左（第124条の2）
	区の会計は市町村の会計と別にする（第115条）	同左（第124条の3）
財産区の機関	郡参事会が町村会の意見を聞いたうえで条例を制定し区会または区総会を設けることができ、これらには町村会に関する規定を適用できる。（第114条）	必要と認められるとき、府県知事が町村会の意見を聞いたうえで条例を制定し区会または区総会を設け、町村会の議決すべき事項を議決させることができる（第125条）
		区会または区総会を設置する条例の中で議員の定数、任期、選挙に関すること、総会の組織について定める（第126条）
		区会議員の選挙については、町村会に関する規定を準用する（第126条の2） 選挙権及び被選挙権については町村会において決定する（第126条の3）
		区会または区総会は町村会についての規定に準じる（第126条の4）
財産区の運営	「事務ハ町村ノ行政ニ關スル規則ニ依リ」（第115条）	「管理及処分ニ付テハ本法中町村ノ財産又ハ営造物ニ関スル規定ニ依ル」（第124条）
異議申し立て		郡長の処分に不服があれば、府県知事に訴願することができる（第127条）
市町村の権限	「町村長之ヲ管理ス可シ」（第115条）	間接的に公有財産に対する市町村の権限と同等であることを定めた。（第124条）
知事の権限		区会または区総会の設置（第125条）
他の法律・規則との関係		「但シ法律勅令中別段ノ規定アル場合ハ此ノ限ニ在ラス」（第124条）
		「本法ニ規定スルモノヽ外勅令ヲ以テ之ヲ定ム」（第128条）

出典：川島・潮見・渡辺編（1968）、渡辺編（1974）、太田（1998）をもとに筆者作成。

地方自治法施行	地方自治法改正
昭和22（1947）年	昭和29（1954）年
同左（第294条）	これまでと同様の定義に加え、市町村の配置分合に伴い新たに市町村の一部を画して財産もしくは営造物を有するものを財産区として認めた（第294条）
同左（第294条の2）	同左
同左（第294条の3）	同左
「必要と認められるとき、都道府県知事が議会の議決を経たうえで市町村の条例を制定し財産区議会または財産区総会を設けて財産区に関して市町村議会の議決すべき事項を議決させることができる」（第295条）	同左
同左（区会→議会、区総会→総会）（第296条）	同左
議会の議員の選挙は公職選挙法に則る（第296条の1の2）	同左
同左（区会→議会、区総会→総会、町村会→町村の議会）（第296条の1の3）	同左
	条例を制定することにより既存の財産区に財産区管理会を置くことができる。また、市町村の廃置分合の際の協議により新たに設置する財産区に財産区管理会を置くことができる。（第296条の2）
	財産区管理委員は7人以内（第296条の2の2）
	財産区管理委員は、非常勤で、その任期は4年（第296条の2の3）
	議会または総会との並置は不可（第296条の2の4）
	重要事項について、財産区管理会の同意が必要（第296条の3）
	財産区財産または営造物の管理を財産区管理会または財産区管理委員に委任することができる。（第296条の3の2）
	財産区管理会は事務処理を監査できる。（第296条の3の3）
	管理委員の選任等、管理会の運営に関して必要な事項は条例もしくは市町村の配置分合の際の協議のなかで定める。（第296条の4）
	配置分合の際の協議の内容は、財産区管理会の同意を得て変更することができる。（第296条の4の1）
「管理及び処分については、この法律中地方公共団体の財産又は営造物の管理及び処分に関する規定による」（第294条）	同左
	「財産区は、その財産又は公の施設の管理及び処分又は廃止については、その住民の福祉を増進するとともに、財産区のある市町村又は特別区の一体性をそこなわないように努めなければならない。」（第296条の5）
	政令で定める基準に反する財産処分については知事の認可が必要（第296条の5の2）
	財産区から市町村の会計に資金を繰り入れ、市町村が財産区住民に不均一課税などの処置をすることが可能（第296条の5の3）
	上記の処置には財産区の議会または総会の決議、あるいは管理会の同意が必要（第296条の5の4）
	「第三項後段の規定による不均一の課税又は徴収については、当該市町村又は特別区は、あらかじめ都道府県知事に協議し、その同意を得なければならない。」（第296条の5の5）
同左（第294条）	同左
財産区の議会または総会の設置（第295条）	同左
	財産処分についての認可（第296条の5の2）
	事務処理に関する資料の請求または監査（第296条の6）
	市町村と財産区の間の紛争の裁定（第296条の6の2）
「この法律に規定するものを除く外、財産区の事務に関しては、政令でこれを定める。」（第297条）	同左
	紛争の裁定に必要な事項は政令で定める。（第296条の6の3）

の管理下に置かれるものであることを定めている。ここに行政当局が区の運営に干渉しうる道がつくられ、財産区運営をめぐって数々の問題をはらむ制度の骨格が成立した。

（2）町村制の改正

町村制は、1911（明治44）年に全面的に改正された。その中で、町村の一部（区）について第124条から第128条に規定されることとなった。

【第124條】町村ノ一部ニシテ財産ヲ有シ又ハ營造物ヲ設ケタルモノアルトキハ其ノ財産又ハ營造物ノ管理及處分ニ付テハ本法中町村ノ財産又ハ營造物ニ關スル規定ニ依ル但シ法律勅令中別段ノ規定アル場合ハ此ノ限ニ在ラス

2　前節ノ財産又ハ營造物ニ關シ特ニ要スル費用ハ其ノ財産又ハ營造物ノ屬スル町村ノ一部ノ負擔トス

3　前二節ノ場合ニ於テハ町村ノ一部ハ其ノ會計ヲ分別スヘシ

【第125條】前條ノ財産又ハ營造物ニ關シ必要アリト認ムルトキハ府県知事ハ町村會ノ意見ヲ徴シテ町村條例ヲ設定シ區會又ハ區総會ヲ設ケテ町村會ノ議決スヘキ事項ヲ議決セシムルコトヲ得

【第126條】區會議員ハ町村ノ名譽職トス其ノ定款、任期、選擧權及被選擧權ニ關スル事項ハ前條ノ町村條例中ニ之ヲ規定スベシ區総會ノ組織ニ關スル事項ニ付亦同シ

2　區會議員ノ選擧ニ付テハ町村會議會ニ關スル規定ヲ準用ス

3　但選擧人名簿又ハ選擧若ハ當選ノ効力ニ關スル意義ノ決定及被選擧權ノ有無ノ決定ハ町村會ニ於テ之ヲ為スベシ

3　區會若ハ區総會ニ關シテハ町村會ニ關スル規定ヲ準用スル

【第127條】第百二十四條ノ場合ニ於テ町村ノ一部郡長ノ處分ニ不服アルトキハ府縣知事ニ訴願スルコトヲ得

【第128條】第百二十四條ノ町村ノ一部ノ事務ニ關シテハ本法ニ規定スルモノ、外勅令ヲ以テ之ヲ定ム

この改正では、やや詳細な規定が加えられ、第124条から第128条まで細分化した条項に整理された。改正市制町村制に附された『市制町村制改正要義』によると、旧町村制の規定があまりにも簡単なもので、区会議員の取り扱いなどをめぐって多くの疑義が噴出したため、詳細な規定をこの改正で設けたのだという(田山，1911：33-34)。

第124条は旧町村制の第114条に相当するものであるが、第124条の1においてただし書きが新たに付け加えられた。これは、1908（明治41）年改正の国有林野法において、国有林の委託林※6の規定（第18条）が設けられたことを受けて付け加えられた（渡辺，1974：15-16)。すなわち、町村制では町村の一部の財産もしくは営造物について「設ケタル」と過去形で規定しているのに対し、国有林野法に基づき委託林契約を結ぶことによって町村の一部が国有林野上の林産物を新たな財産として得るということは、町村制の趣旨に反するのではないかとの疑義が生じた。このただし書きは、この疑義を解消する目的のものである。

第125条は旧町村制の第115条に相当するものであるが、区会もしくは区総会の設置にかかわる権限が郡参事ではなく、府県知事のものとなった。

第126条は旧町村制の第114条の末尾で区会または区総会を「町村會ノ例ヲ適用スルコトヲ得」としていた部分を独立の条項とし、その内容を詳細に規定したものである。区会および区総会の議員を名誉職であるとし、議員の任期、選挙などについて、町村会議員の定めを準用する町村条例を定めたうえで、区会および区総会が運営されるように定められた。前掲の『市制町村制改正要義』では、旧町村制において議員職が名誉職かどうか明記されていないことによって職務を放棄する事例があったり、議員選挙の効力について紛争があったりしたことがうかがわれる。

第127条は、市町村長の財産区の取り扱いに不服があるときは、府県知事に申し立てができるとする規定で、この改正で新規に設けられた内容である。これ

※6　委託林とは、官民有区分によって官有地に編入された入会林野について、地元住民による官有林資源の保護管理を担わせることと引き換えに国がその旧来の慣行を認めたものをいい、当該の町村の一部と保護管理の委託契約を結んだ。

は、市町村のコントロール下に置くことを原則としたこの制度において重要な例外規定に当たると考えられるが、先の『市制町村制改正要義』では全く触れられておらず、この規定を設けた理由は不明である。

第128条も、この改正で新たに設けられた規定である。この法律（改正市制町村制）以外に、勅令で財産区の運営に対し詳細な指示を施しうることを定めている。これも、規定の不明確さからくる財産区運営上の疑義が出ることを想定しての措置であると考えられる。

（3）地方自治法の制定

1947（昭和22）年に施行された地方自治法で、初めて財産区という言葉が法律で規定されたが、町村制における町村の一部に関する規定がほぼそのまま引き継がれ、内容的には大きな変化はない。町村制第124条には地方自治法第294条が、第125条、第126条、第128条にはそれぞれ第295条、第296条、第297条が対応している。今となっては、1947年施行時の条文を参照することは困難となっているため、以下に、全文を掲げる。

【第294条】法律又は政令に特別の定があるものを除くほか、市町村並びに特別市および特別区の一部で財産を有し又は営造物を設けているもの（これを財産区という。）があるときは、その財産又は営造物の管理及び処分については、この法律中地方公共団体の財産又は営造物の管理及び処分に関する規定による。

2　前項の財産又は営造物に関し特に要する経費は財産区の負担とする。

3　前二項の場合においては、地方公共団体は、財産区の収入および支出については会計を分別しなければならない。

【第295条】財産区の財産又は公の施設に関し必要があると認めるときは、都道府県知事は、議会の議決を経て市町村又は特別区の条例を設定し、財産区の議会又は総会を設けて財産区に関し市町村又は特別区の議会の議決すべき事項を議決させることができる。

【第296条】財産区の議会の議員の定数、任期、選挙権、被選挙権及び選挙人名簿に関する事項は、前条の条例中にこれを規定しなければならない。財産区の総会の組織に関する事項についても、また、同様とする。

２　前項に規定するものを除く外、財産区の議会の議員の選挙については、公職選挙法第二百六十八条 の定めるところによる。

３　財産区の議会又は総会に関しては、第二編中町村の議会に関する規定を準用する。

【第 297 条】この法律に規定するものを除く外、財産区の事務に関しては、政令でこれを定める。

細かな点を言えば、区会が財産区議会に、区総会が財産区総会となる名称上の変更があった。また、町村制では、区会または区総会の設置に際しては、知事が町村会の意見を徴することとなっていたが、地方自治法では、知事が市町村議会の議決を経たのちに設置することなり、市町村議会の権限が強くなっている。しかし、これは、地方自治法において市町村議会の地位が一般に高められたことの当然の帰結であって、財産区についての政府の方針が変わったということではない（川島・潮見・渡辺編, 1968：402)。事実、地方自治法作成に携わった旧・自治省自治事務次官（当時）の小林與三次氏は財産区そのものの規定について「全然議論せずに引継」いだことを明かし、「財産区は変則的なもので、むしろやむをえぬ経過的な措置としてという考え方なんです。できるだけ統一はしたい。しかしそれがえらい障害になっている場合には変則的に認めようという意識があったことは事実なんです」と述べている（渡辺ほか, 1959b：93)。

なお、町村制第 124 条にみられたただし書きは、ここには引き継がれていない。この点に関して背景は明らかではないが、委託林（1951（昭和 26）年改正の国有林野法では、委託林の規定は共用林野の規定に引き継がれた）もまた旧来の慣行なくしては設定されない建前であったので、すでにこの時点で新たな委託林の設定を考慮する必要がなくなっていたためと考えられる。

また、改正市制町村制における重大な例外規定である第 127 条も、地方自治法には引き継がれていない。その理由に関しては不明である。

（4）1954（昭和 29）年地方自治法の改正

これまで地方自治法の改正は幾度となく行われてきているが、なかでも 1954（昭和 29）年に行われた地方自治法の改正は、財産区に関する規定の大幅な追加を伴うものであった。この改正の要点を挙げると、①新規に設置する財産区を明認、②財産区管理会の創設、③財産区運営原則の規定の強化、④知事の権限の強化、となる。このうち、①②は町村合併を進める政府の方針を推進するうえで、ローカル・コモンズの不安を解消するものであり、一方で③④は財産区の地方公共団体としての側面を強化するものであり、ローカル・コモンズとしての財産区運営に大きな足かせを加えるものである。「これによって、財産区制度は、それが当初から持っていた矛盾すなわちその実態において私有財産としての性質をもっているものを、公共団体の財産として公法的規制のもとにおいていることから生ずる矛盾を、一層拡大するにいたった」（川島・潮見・渡辺編, 1968：420-421）と痛烈に批判されている。

①新規に設置する財産区を明記

前述のように、昭和の大合併に際しても、旧町村の財産をそのまま新市町村に引き継ぐことには大きな抵抗があった。特に問題となったのは、合併を前に、旧町村有の山林等を個人に分配などする「不当処分」であった。旧町村有財産の合併後の取り扱いをめぐる不安を解消し、「不当処分」を防ぐ意図から財産区制度の活用が考えられた。このため、1953（昭和 28）年の町村合併促進法では、旧町村間の協議により、新たに財産区を設置することができるとした（第 23 条第 4 項）。

しかし、改正前の地方自治法第 294 条では、「財産を有し又は営造物を設けているもの」を財産区と規定するが、それは「すでに」そうであるものと受け止められ、財産区を新設しうるかどうか明確でないことが問題となった。そのため、合併などの市町村界の変更を契機とする場合に新設される財産区の存在について言及した。すなわち、第 294 条に「市町村並びに特別市及び特別区の配置分合もしくは境界変更の場合におけるこの法律若しくはこれに基づく政令の定める財産処分に関する協議に基き市町村並びに特別市及び特別区の一部が財産を有し若しくは営造物を設けるものとなるもの」も財産区とする文章が加えられた。

ただし、町村合併促進法および改正地方自治法での一連の規定の整備は、必ずしも財産区の新設を積極的に勧める意図があってのことではなかった。あくまでも財産区の設置よりも望ましくない「不当処分」の防止のための次善の策として財産区の新設を位置づけていたというのがその背景であろう。

②財産区管理会の創設

前述のように、町村合併促進法の中で財産区新設の道は開かれたが、それでも財産区を設置せず、「不当処分」する事例がみられた。その原因として、財産区議会や財産区総会を設置するには都道府県知事を通さなければならないなど手続きが煩雑であること、煩雑な手続きを避けて何も機関を設けないとすると市町村長の管理のもとで自由な運営ができるか不安であることが考えられた（渡辺ほか, 1959b：79-80, 88-89）。そのため、より簡便な手続きで設置できる財産区の機関として財産区管理会を創設し、第 296 条の２～４を新設した。

この中で、「財産区管理委員七人以内を以てこれを組織する」（296 条の２の第２項）とする規定がある。これは、財産区が７を超える部落からなる場合、特に問題となるが、旧・自治省における改正時の議論では、７人以内とする「深い理由はな」（千葉県副知事・宮澤弘氏（当時））く、検討の際に取り上げた地域の実態からして多すぎず少なすぎずという感覚的なものであった（渡辺ほか, 1959b：90-92）。

③財産区運営原則の規定の強化

この改正で新たに設けられた規定として重要なものに、第 296 条の５の規定がある。これは財産区運営の基本原則、すなわち、財産区住民の「福祉を増進」すること、および「財産区のある市町村又は特別区の一体性をそこなわない」ことに言及している。

前者の原則は、ローカル・コモンズのメンバーと財産区住民が一致しない場合、特に問題となる。ローカル・コモンズのメンバーにとっては、財産区財産からの利益を得る正当性を持たない財産区住民にも利益を分け与えなければならない、というような解釈がこの規定から導かれるからである（川島・潮見・渡辺編，1968）。また、現実に財産区の利益をローカル・コモンズの慣習に基づいて個人分配する例も少なくない（渡辺ほか，1959b：75-77）が、この規定は、財産区のある地域全体の利益の増進を意味しているため、ローカル・コモンズの自由な運営と対立しうる。

後者の原則は、財産区そのものの存在意義にかかわる重要な問題を含んでいることが指摘されている。すなわち、「本来市町村の一体性をそこなわないでやれるものならば、なにもわざわざ財産区をみとめる必要はなかったのである。市町村の一体性の原則を放棄することによってのみ財産区はその存在理由をたもちうる」（川島・潮見・渡辺編，1968：645）。こうした矛盾した規定を設けた背景について、千葉県副知事（当時）・宮澤弘氏は「基本的に、やはり市町村に財産を統合するという考え方がここにあったから、こういう規定が出てきたと言えると思います（渡辺ほか，1959b：90）」と立法者の立場に言及している。

④知事の権限の強化

この改正で財産区に対する知事の権限は広範かつ強力なものとなった（川島・潮見・渡辺編，1968）。具体的には、ア．財産処分に関する知事の認可権（296条の5第2項）、イ．財産区住民への不均一課税に関する許可権（296条の5第5項）、ウ．財産区の事務処理の監査権（296条の6第1項）、エ．市町村と財産区の間の紛争の裁定権（296条の6第2項）が新たに規定された。

このうち、ア．財産処分に関する認可権であるが、ローカル・コモンズの自律的な資源利用に重要な規制を与えうるものである。財産処分のうち「政令で定める基準に反するもの（法296条の5第2項）」、すなわち、地方自治法施行令218条の2第1項で定める基準（1）財産の価値を減少しない処分、（2）財産の形態または機能を変更しない処分、（3）住民による使用を制限もしくは廃止しない処分、（4）財産区住民全体の福祉に反する処分について、「あらかじめ都道府県知事に協議し、その同意を得なければ（法296条の５第２項）」ならないとした。特に（２）の基準に反するものとして、草地に植林するなどの山林の利用形態の変更なども含まれることになるが、このような本来的にローカル・コモンズに決定権がある事柄も、知事が介入するような規定となっているのである。

こうした知事の権限の広範化と強化を行った理由として、市町村と財産区が対立する場合に知事が仲介する必要があるためである、ということと、新財産区は林野面積において大きなものとなり、住民には任せ切れないから、ということが言われている（川島・潮見・渡辺編, 1968：417-420）。

以上、みてきたように、財産区にかかわる法律の規定は、より詳細になり、そのことによって、ローカル・コモンズの慣習的かつ自律的な営みと対立しうる「実態と法律のズレ」を生み出してきた。次章の事例にみるように、近年は実態よりも法律こそを重視すべきという行政の対応が特に目立ってきているが、当の立法当事者はこのズレを認識し、実態もまた尊重すべきというような認識を示していたことを最後に紹介しておきたい。旧・自治省自治事務次官（当時）の小林與三次氏の言葉である。「そこのやり方とか方法とかの形式も実態も、そこらはその実態に即するように考えたらいいんじゃないかという考えができておるんですよ。それですから法律の気持ちもそういうことなんですが。しかし法律の規定は、どちらかといえば、なお形式的に合理化しようという形の方が出すぎておるから、個々の具体の実態を離れておるということもあろうと思うんです。またあったって一向に構わぬと思うんです。」（渡辺ほか, 1959c：85）

第3章

今を生きる財産区

第1節　財産区制度の概要

財産区制度の特殊性は、第2章で取り上げた歴史的沿革に由来している。それは、いわばローカル・コモンズを行政庁のコントロール下におくという政府側の意図の徹底を図りつつも、その困難さから妥協の道を探ってきた歴史である。本章ではその妥協の結果として生まれた制度の実態について、詳しく見ていくこととする。

(a) 財産区の区域

旧財産区の区域は、明治の町村合併前の旧村であり、通常は部落の単位で構成されている。一方、新財産区の区域は、昭和の大合併（またはそれ以降の市町村の廃置分合）より前の市町村の区域である。それは明治の町村合併で既に複数部落が合併した区域であることが多いため、一般に旧財産区よりも新財産区のほうが管理・利用する面積は広くなっている。なお、財産区の区域が二以上の市町村の区域にまたがるときは、それぞれの属する市町村の区域ごとに分立して独立の財産区になるか、あるいは一部事務組合の形態をとることとなる。

(b) 財産区の住民

市町村の住民で当該財産区に住所を有するものはすべて財産区住民となると定められている。またすべての住民は財産区住民として平等な権利義務をもつ。法律の建前としてはこのように定められているが、当該財産区に実質入会集団が存在しているときに、現実には住民の中の入会集団の構成員だけが権利を行使している場合が多い。

(c) 財産区上の権利

財産区有地における入会利用権の法的性質は、民法上の入会権か、地方自治法上の旧慣使用権か、裁判所と行政との間で未だに解釈が一致していない。これまでの判例においては一貫して入会権、すなわち私権論をとっている。一方、旧自治省をはじめとする行政官庁では、現在まで一貫して旧慣使用権、すなわち公権論の立場に立っている。

(d) 財産区の機関

①機関をもたない財産区

財産区には原則として固有の機関は置かれないため、その事務の処理は、財産区が所在する市町村の長が当然に行わなければならない。ただし、実際には財産区住民の意思を反映することができる次のような機関を設けている場合が多い。

②財産区議会

知事は必要があると認めるときは、議会の議決を経て条例を制定し、財産区議会を設けることができる、と定められている（地方自治法第 295 条）。必要があると認める場合とは、財産区住民がその財産の管理を市町村議会に任せず、自らの手中に置いてコントロールしたい場合などがあてはまる。ただし、財産区議会の改廃手続きについては法律に規定がなく、市町村議会の議決で改廃すると解されているため、財産区にとってはその地位は不安定な状態に置かれている。なお、財産区議会の議員の定数、任期、選挙権、被選挙権および選挙人名簿等については、財産区の議会に関する条例で定めることとされている。

財産区議会は、市町村議会の議決事項のうち財産区に関する事項を議決する権限がある。例えば、財産区会計の予決算、財産区に関する条例の制定・改廃、財産区財産の管理処分および契約の締結その他である。ただし、財産区議会の議決にもとづいて執行するのは市町村長である。実際には市町村長の執行権はまったく形式的なものとなっている場合が多い。

③総　会

財産区議会の設置を定めた地方自治法第 295 条では、議会と同様に総会の設置についても定められている。総会は、財産区の住民が少数で、その意思を決定するために容易に一堂に会することができる場合に設けられるが、このような例はあまり多くない。総会の設置手続、権限、組織については財産区議会の場合と同様である（地方自治法第 295 条、第 296 条）。

④財産区管理会

財産区議会・総会よりも住民の意思をより反映した簡素な機関を設けるために、1954（昭和 29）年の地方自治法改正により新たに設けられたものが、財産区管理会制度である（川島・潮見・渡辺編 , 1968：413)。

財産区管理会は、財産区財産の管理処分についてその同意を要するという点で審議機関的性格をもつと同時に、執行機関的性格をも併せ持つ特殊な機関である。財産区管理会は、財産区固有の意思機関ではなく独立性が低いことから、区議会のように「必要がある」と認められた場合に限らず、市町村がその設置を欲すれば当然にこれを認められる。

管理会は次の三つの権限をもつ。第一に、管理会は財産区管理者の行う財産区の財産または公の施設の管理および処分または廃止のうち重要なものについて同意権を有している（同法第 296 条の３第１項)。これらの事項は、財産区財産の管理および処分に関する重要な事項をほとんど網羅しているが、同意権という性質から、その権限は限定されている。第二に、区管理会または管理委員は当該管理会の同意を得て、財産管理に関する事務を執行することができる（同法第 296 条の３第２項)。この事務委任の範囲も管理行為に限定され、処分にはおよばない点で限界があるが、実際には管理および処分の両面にわたって財産区管理会が実権を握っており、市町村の立場はほとんど形式的なものにとどまることも多い。第三に、管理会は、財産区の事務の処理について監査の権限を持つ（同法第296条の3第3項）。

管理会は、7人以内の管理委員をもって組織される（同法第296条の2第2項）。管理委員は非常勤の職員で、任期は4年である（同法第296条の2第3項）。管理委員は財産区管理者の委任と管理会の同意があれば、単独で管理事務を執行することもできる（同法第296条の3第2項）。なお、管理委員は各部落の代表者より構成されることが多いため、関係部落が7以上に及ぶときは最高7名という制限が桎梏になる。しかし現実には、例えば管理会が実際上は9つの部落の代表者である9人の管理委員から構成されてはいるが、このうち2名はただ法形式的には管理委員とせずに、山林委員などの名前で呼ぶことによって、実態と法とのずれを処理している場合もある（渡辺, 1959b：92）。委員の選出方法については、区議会議員のように公職選挙法にもとづく選挙という制限はないので、大部分は慣習に則って委員が選ばれているようである。

(e) 財産区運営の基本原則

1954（昭和29）年の地方自治法改正により掲げられた財産区運営の二大原則は、「その住民（財産区住民）の福祉を増進」することと「市町村の一体性をそこなわない」ことである（同法第296条の5第1項）。まず前者において、その住民すなわち財産区住民とは、旧来からの入会権者のみならず、入会権者以外の財産区住民を含むことになる。さらにこれは、財産区住民の全体的あるいは公共的利益の増進を意味するため、例えば財産区の収入を住民に分配するのは好ましくないとされている。後者は、財産区財産の収益は、財産区住民の範囲内で一人占めしてはいけない、他の住民にもその利益を分け与えるべきである、ということを意味する。これは財産区の本来の原則と根本的に対立するものであるが、それは財産区そのものが抱える矛盾を象徴している。

(f) 財務

財産区の財産および公の施設に関し「特に要する」費用（財産区事務の専従者の費用、財産区事務のための諸手当、旅費、消耗品等）は、財産区の負担とされる（同法第 294 条第２項）。財産区の会計は、市町村の会計と分別しなければならない（同法第 294 条第３項）が、かならずしも特別会計を設けなければならないということではない。財務状況の詳細については次節で述べる。

(g) 課税

財産区の財産は公有財産にあたるため、その財産に対する固定資産税およびその財産から生ずる収益に対する市町村民税は賦課されない[※7]。なお課税の有無は、財産区かどうかを認定するための基準の一つにもなっている。

第２節　財産区の財務状況について

総務省が、地方自治法第 252 条の 17 の５第２項に基づき、毎年とりまとめをしている地方財政状況調査の中で、財産区の決算状況についてまとめたものがある。本節では、2005（平成 17）年度の「財産区決算状況」の情報を用いながら、財産区の財務状況についてまとめてみる。

2005 年度に「財産区決算状況」で報告された財産区総数は 3,999 である。その内 62.3% にあたる 2,493 の財産区が決算額を報告している。以下、収入、支出の特徴を整理する。

図３－１は、2005 年度の財産区の収入 993 億円の構成費を示したものである。「その他の収入」が 78.8% を占めている。図３－１の注２で記したように、「その他の収入」には、繰越金などが計上される。2005（平成 17）年度の繰越金、言

※７　地方税法（1950（昭和 25）年７月 31 日法律第 226 号）の第 25 条（道府県民税の均等割）、第 73 条の３（不動産取得税）、第 146 条（自動車税）、第 296 条（市町村民税の均等割）、第 348 条（固定資産税）、第 443 条（軽自動車税）、第 586 条（特別土地保有税）、第 699 条の４（自動車取得税）、第 702 条の２（都市計画税）、第 704 条（水利地益税および共同施設税、宅地開発税）において財産区の非課税について規定されている。

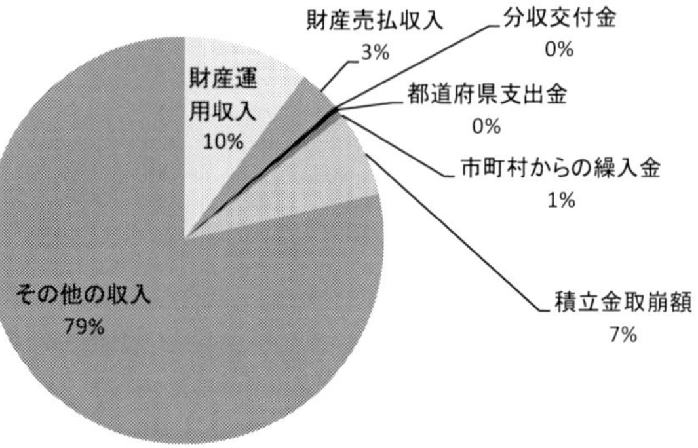

図３－１　2005 年度の財産区収入（総額：992 億 5,109 万 1,000 円）

出典：総務省自治財政局財務調査課『地方財政状況調査』より筆者作成。

注１：財産区数と決算額に誤記入と推定される箇所を訂正した。訂正箇所とその手順は次のとおりである。①決算額が正にもかかわらず財産区数が 0、②決算額が正にもかかわらず、財産区のうち決算状況の対象になった財産区の数が 0。①と②の場合、前年から類推して訂正した。③決算額の回答が例年と比較してすべての項目について３桁多い（岡山県倉敷市）。この場合、単位の間違えだと判断した。

注２：各項目の説明は次のとおり。

財産運用収入：基金から生ずる収益、借地料、株式配当金、公社債利子等。

財産売払収入：普通財産として売却処分された財産に係るもの（土地及びその従物、建物及びその従物、立木竹、船舶、地上権等の売却処分に係るもの）、不用物品の売払収入、施設等における土産物の売払収入、生産物の売払収入等。

その他の収入：他の収入科目に計上されない分担金、負担金、使用料、手数料、寄付金、繰越金等。

い換えると 2004（平成 16）年度の「収入支出差引額」は 752 億円である。その他の収入 781 億円のうち 96.2% は、繰越金が占めることがわかる。このことから、財産区の歳入は大きく分けて、（１）経常的な自主財源（財産運用収入）、（２）臨時的な自主財源（財産売払収入と分収交付金）、（３）依存財源（都道府県支出金と市町村からの繰入金）、（４）前期からの繰入金（積立金取崩額と繰越金）のように分類することができる。財産区収入の総額が 993 億円とはいえ、毎年の収入が見込まれる経常的な自主財源は 101 億円に過ぎない。ちなみに、財産

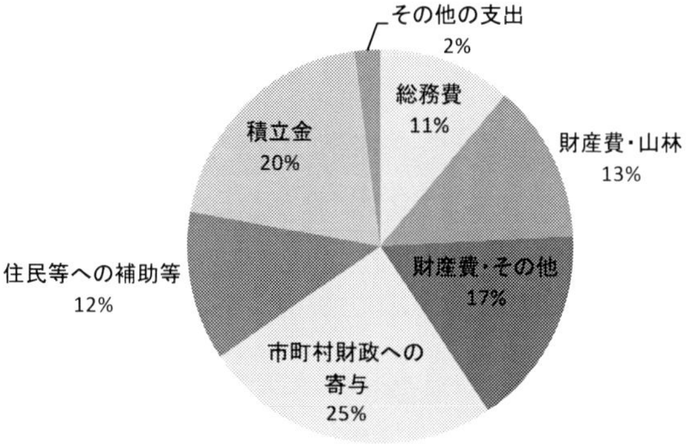

図3－2　2005年度の財産区の目的別経費（総額：252億2,140万9,000円）

出典：総務省自治財政局財務調査課『地方財政状況調査』より筆者作成。

注1：総務費：一般総務費のほか、財産区の総会、議会もしくは管理会に要した経費（報酬、費用弁償、会議費等）及び財産区の議会の議員の選挙費。

財産費（山林）：造林又は林道用地の目的で山林を取得した経費並びに植林費、林道の開設、改良等の経費、立木伐採費、火災保険料、借地料、分収交付金、木材引取税等の山林の管理等に要した経費。

財産費（その他）：山林以外の財産（原野、田、畑、宅地、家畜等）の取得管理等に要した経費及び公民館、公会堂、水道、旅館、火葬場等の営造物の運営管理等に要した経費。

注2：市町村財政への寄与：当該市町村に対する繰出金、寄付金、負担金、補助金、交付金等予算の支出項目の如何を問わず、直接的に支出したもののみならず、間接的に市町村財政に寄与した支出（市町村立学校、幼稚園、保育所等の備品購入費に充当するためPTA等に支出したもの、財産区が消防自動車購入のため支出したもの、市町村道を財産区が独自に改良、補修するため支出したもの等）。

住民等への補助等：予算の支出項目の如何を問わず、財産区の財産又は公の施設からの収益を関係住民に分配したもの、関係住民を社員とする社団法人又は財産区若しくは市町村の財源をもって設立した財団法人に支出したもの及び部落会、遺族会、婦人会等財産区住民を構成員とする団体に支出したもの等。

区が所有する、現金、有価証券額は、およそ1,592億円である[※8]。臨時的な収入が多いという性格を反映して、収入993億円に対し、支出は252億円となってい

※8　2005年度の財産区が所有する現金・有価証券額は次のように算出した。2003年4月1日現在の現金・有価証券額は165,990,289千円である（総務省, 2003：1075）。2003年度から2005年度までの積立金純増額は－6,742,781千円である（総務省自治財政局財務調査課、各年版）。この二つの数値の和が2005年度の現金・有価証券額となる。

る。

財産区の目的別経費を示したのが、図３－２である。財産区は、財産の維持管理に要する費用だけではなく、財産区住民の福祉に関連する事業にも支出した（「市町村財政への寄与」と「住民等への補助等」）。支出の25.0%を「市町村財政への寄与」、12.2%を「住民等への補助等」が占める。「市町村財政への寄与」は、図３－２の注２に定義を記したが、市町村の行うべき事業であって財産区としてはその機能に属しないもの（例えば、公民館の設置、町村道の新設改良等）を実施する場合に分類される。実態として、これらの事業の多くは財産区住民の意向を反映し、財産区区域内の事業を実施するものとなっていると思われる[※9]。「住民等への補助等」は、財産区や市町村等が「住民の福祉に寄与する」と判断する団体や活動に分配される場合が多い。

2005（平成17）年度、財産区決算の報告をした市町村464のうち、約60.0％にあたる278の市町村において、財産区が住民の福祉へ支出した。そのうち、住民等へ補助等をした財産区が存在するのは、195市町村である。このような市町村には、少なくとも706の財産区が存在している。

第３節　財産区と入会集団との矛盾

※９　地方自治法第296条の５第３項では、市町村は、財産区と協議して、当該財産区の財産又は公の施設から生ずる収入の全部又は一部を市町村に要する経費の一部に充てることができるとする。

この市町村又は特別区の一般経費の充当の措置をとった場合には、その充当した金額の限度において財産区の住民に対して「不均一の課税をし、又は使用料その他の徴収金について不均一の徴収」をすることができる。「徴収をすることができる」と規定されているが、その法意は単に随意的なものと解すべきではなく、「その充当した金額」までは少なくとも財産区住民に対して負担軽減の措置に相当するような、負担の公平のための何らかの措置が要請されているものと解すべきである（松本，2007：1477）。たとえば、財産区のために林道を開発するようなことがあればそれでよいのである（松本，2007：1478）。

この地方自治法の解説からも、「市町村財政への寄与」とはいうものの、実態は、財産区地区内に関連する事業への支出が多いと推察される。

財産区はその沿革上、実質上入会財産であるものが法形式の上で財産区財産とされている場合が少なくない。第１節でかいまみたように、実質部落有・形式財産区となっている場合は、多くの矛盾が生じることとなる。その矛盾について、ここで整理しておこう。

矛盾の第１点は、集団を構成する法的主体である。入会集団においては、その構成員の資格、権利の得喪はすべて当該集団の慣習によって定められている。一方、財産区を構成する財産区住民は、集団の意思とは無関係に法律によってその資格要件（地方公共団体の住民）が定められており、その要件に合致すればすべて財産区住民となりうる。このため、入会集団の構成員と財産区住民とはその範囲を異にし、一方では入会集団の構成員ではないが財産区住民である者が存在し、他方では入会集団の構成員であるが財産区の住民でない者が存在する。それは、私的利益集団である入会集団と公的団体である財産区という根本的な性格の違いによるものである。

２点目に、集団の構成原理のもう一つの重要な差異に構成単位がある。すなわち、入会集団における構成員は、その単位が個人ではなく「家」（世帯）であるのに対し、財産区の構成員たる住民は個人である。

３点目は、財産の利用や収益の使途である。入会集団において、財産所有は私的利益の実現のためであるから、その財産の利用のしかたや収益の使途は集団が自由に決定できる。一方、財産区においては、財産の利用や収益の使途は公益目的に奉仕するものでなければならないという法律上の制約を受けている。

４点目に、集団の管理運営機構においても異なる。入会集団の管理機構は、「村」寄合を中心とする伝統的なものであるのに対して、財産区の管理機構は地方自治法によって決定されている。入会集団は「実在的総合人」※10という性格をもち、管理機関は各構成員個人とは別個独立な法的主体として、個人に対立したものではないとされている。一方、財産区は近代的法人形態をとっており、財産

※10　法学者である中田薫が整理した法人格の概念であり、各村民の人格と分離や独立をせず村民の人格によって組織される団体のことである。詳細は、中田薫（1938）「江戸時代に於ける村の人格」『法制史論集第２巻』岩波書店などを参照のこと。

区自体が財産区住民個人とは別個独立した法的主体である。

さて、これらの入会集団と財産区との矛盾は現実にどのように処理されているのであろうか。まず入会集団の構成員と財産区住民との範囲がいちじるしく異なる場合には、財産区住民の中で、入会権者と非入会権者の地位を分けて権利関係を処理している場合が少なくない。財産区の建前からすれば望ましくないことであろうが、実際にはこのように処理されていることがある。極端な事例では、最初から財産区住民としての資格そのものを入会権者と同様に限定しているものさえみられる。また財産区を設置してからも入会集団を解体せず、財産区財産の上に入会集団が権利を持つという形で財産区住民の権利と入会権者の権利を峻別するというものもみられる。結論として、財産区住民と入会集団の構成員との不一致から生じる矛盾をカバーするために様々な措置がとられている。

３点目の財産の利用や収益の使途についても、形式上は財産区財産としての建前をとりながらも、実質的には入会集団の財産として処分等がなされている。財産区の会計も、県知事の監督や監査をまぬがれるために、公につくられている収支の帳簿とは別に帳簿を管理して、そこでは公の帳簿の何倍もの取引がなされていることもある。

４点目の管理機関についても、財産区管理機関が一人歩きして入会集団や構成員の権利を侵害しないような措置がとられている。具体的には、形式的な財産区の管理機関とは別個に入会集団の管理機関があり、これが実際上の決定権を持っていて、財産区管理機関はそれを形式的に追認するにすぎない場合がある。また、財産区管理機関は入会集団構成員の委任を受けた事項でなければ勝手に意思決定を行えないという形で、財産区管理機関をコントロールする場合などもある。

第４節　事例から見る平成の大合併と財産区

1954（昭和 29）年改正の地方自治法で、合併を機に財産区を新設しうることが明記された。その結果、昭和の大合併には多数の財産区が生まれることとなった。一方、平成の大合併ではどうだったかというと、次章で詳細を述べるとおり、数の上では大きな変化はなかった。しかし、入会集団と財産区の制度矛盾が顕在化したりするなど、個別にみると様々な変化が起きている。この節では、そのような変化の例についていくつかみていく。

（１）平成の大合併により運営に支障をきたしている事例
—愛知県豊田市稲武地区[※11]—

平成の大合併では、その合併範域が極めて広域にわたるものがあった。愛知県豊田市は、2005（平成17）年に旧・豊田市と、旧・東加茂郡６町村が合併し、愛知県の面積の２割を占めるほどの広大な地方自治体となった。長野県、岐阜県に接する山間地にあった旧・東加茂郡の稲武町も合併町村の１つであり、この合併で山村が都市といわば所帯を同じくすることになったのである。

旧稲武町では、13すべての自治区（近世村の単位）に財産区が設置されていた。これら13財産区は、1901（明治34）年に設立された旧財産区であり、近世以来の入会慣行に基づく財産区慣行が行われてきた。特に、共同造林および土地貸付事業の利益は、自治区の運営を支え地域自治の意欲をはぐくんできた。そして、旧稲武町職員はこのような財産区の存在をあるべきものとして認め、円滑かつ自律的な財産区運営が行われてきた。

これら13財産区の取り扱いについては、豊田市への合併協議の中で特に議論の対象となることもなく、合併に伴いそのまま豊田市へ移管された。ところが、合併１年後の決算監査で、財産区収益を自治区運営の財源とする使途内容が市の一体性（地方自治法第296条の５）を損ねると指摘され、以来、財産区資金の使途を大きく制限されている。自治区が市からの補助金以外にも財産区から資金を得ていることが、市の一体性を損ねることだという。

背景には市行政当局の財産区への認識の問題がある。都市の行政担当者としては、財産区の成り立ちや実際に運営されてきた経緯、山村地域の自治事情などは、旧稲武町の行政者のようには理解しがたい。地方自治法もさることながら、

※11　事例の詳細は、齋藤・三俣（2010）、三俣・齋藤（2010）を参照。

写真３－１　財産区民によって間伐される山（愛知県豊田市稲橋財産区）
（撮影：2008 年９月、山田忠行氏提供）

財産区を設ける地域の慣習を尊重すべきであるが、地方自治法や行政実例の解釈を一方的に採用しているのである。ともかく、この措置によって地域の自治活動に支障をきたし、財産区有林を支える住民意識の急速な低下が危惧されている。対策が急務であるが、人口 3,000 人足らずの地域の声を 40 万人超の大都市に届けるには、大きな困難が立ちはだかっている。

（２）平成の大合併により財産区が新設された事例１
―山梨県北杜市浅尾原財産区―

平成の大合併で新設された財産区の中でも、入会慣行が存在するものを紹介しよう。山梨県北杜市にある浅尾原財産区がそれである。北杜市は、明野村、須玉町、高根町、長坂町、大泉町、小淵沢町、白州町、武川町が合併して 2004（平成 16）年に発足した。浅尾原財産区は、旧須玉町穂足地区と旧明野村朝神地区にまたがって設置されていた一部事務組合だったが、一部事務組合に替わる合併後の形態として財産区を選択した結果新設されたものである。

この財産区財産は、山林および畑である。江戸時代には、穂足村と朝神村の共有地（村々入会地）であった（浅尾原共有地組合, 2001)。この共有地は明治初期の官民有区分で、地元の意に反して国有地に編入されてしまったため、たび重なる請願の末に1886（明治19）年に買い戻し、1890（明治23）年より一部事務組合（町村制下では町村組合）として「浅尾原共有地組合」を設立し、この共有地の管理・利用を行ってきた。

一部事務組合は、関係団体の範囲が市町村の境界をまたぐ場合に設置されるものであるが、今次の合併で一つの市域に収まることとなったため、一部事務組合の形態を継続することができなくなった。組合内で合併後の形態を議論した結果、財産区を新設して財産を管理・利用していくこととなった。一部事務組合は市町村と対等であるが、財産区は市の管理下に置かれる。浅尾原財産区の場合、市の方針により特別会計を設置することになり、会計の執行に市議会の審議を経なければならず、運営の自由度が低下したことが問題視されている。

（３）平成の大合併により財産区が新設された事例２
—山梨県富士河口湖町勝山財産区—

ローカル・コモンズとして捉えられない財産区すなわち純粋財産区が設置される主たる契機は、昭和の大合併であったが、平成の大合併でも純粋財産区が新設されることが想定される。いわば新々財産区の純粋財産区と呼べるものを紹介しよう。

2003（平成15）年、河口湖町、勝山村、足和田村が合併し、富士河口湖町が発足した。この際、旧勝山村が村有財産として所有管理していた宅地、保安林、雑種地が富士河口湖町には引き継がれず、勝山財産区を新設して所有管理していくこととなった。旧勝山村では、村有地をゴルフ場に貸し付けて、貸借料を村財政に充てていた。つまり、ローカル・コモンズではなく、純粋な地方自治体の基本財産だったのである。

勝山財産区では、合併前と同様に、旧勝山村域の住環境整備や農林業補助などのために土地貸付収入を使っている。今次の合併で財産区新設が望まれたのは、貸付収入があったためであると考えられる。多くの場合、収入の上がらない山林のみを有している場合は、財産区の設置を望まず、合併自治体に無条件で引き継ぐ選択肢がとられるケースが一般的であったと考えられる。

（4）平成の大合併を機に財産区を解散した事例
—和歌山県田辺市大塔地区—

合併後の財産区運営が不自由になることを見越して、財産区を解散するにいたったケースもある。その例として、和歌山県の旧・大塔村にあった財産区の場合をみてみよう。

大塔村には、鮎川財産区、三川財産区、富里財産区の３財産区が設置され、収益を簡易水道や道路などの地域内インフラ整備への補助や、学校、保育所などの施設への補助に充ててきた。同じ西牟婁郡の中辺路町、東牟婁郡本宮町、日高郡龍神村、旧制田辺市とともに新田辺市を発足させる合併協議が始まった当初は、これら３財産区をそのまま新制田辺市に引き継ぐ方針であった。その後、新制田辺市における財産区事務の体制、および運営方針が明らかになり、財産管理目的以外の支出、すなわちこれまで３財産区が行ってきたような支出は認めらないことが明らかとなった。そのため、各財産区で協議の結果、財産区を新制田辺市に引き継がず、解散することとなった。

解散後の資金および土地の引き継ぎ方は苦慮されており、暫定的な措置として資金を区長会に預けたり、土地は既存の認可地縁団体や生産森林組合などの法人格を持つ組織に名義をかりる形で登記されている（2008（平成20）年９月現在）。

第５節　財産区と認可地縁団体

次章にて結果を詳細に述べるが、本悉皆調査における財産区の解散後の形態として、認可地縁団体が選択されたケースが確認された。そこで、認可地縁団体制度について、財産区と比較しつつ簡単に触れておきたい。

認可地縁団体制度は、1991（平成３）年の地方自治法改正において創設されたものである（地方自治法第260条の２）。全国で29万余あるといわれる自治会・町内会等の地縁団体では、集会施設等の不動産等を保有している場合も多いが、その不動産を団体名義で登記できないことが、所有権をめぐる多くのトラブルを引き起こしてきた。改正法により、一定要件を満たした地縁団体は市町村長の認可により法人格を付与され、団体名義での不動産登記が可能になった。2002（平成14）年までに全国で22,050団体、全部の地縁団体の7.4%が認可を受けている。

認可地縁団体制度は、財産区とは全く関係のない政策的背景から創設されたものであるが、財産区と同じく地縁に基づく組織であり、共通点も多い。

共通点の第一は、一定の地域に居住する個人から成るという構成原理である。認可地縁団体の場合は、区域内の全住民が構成員であるとは限らないにしても、区域内に居住することが要件となり、転出と同時に構成員たる資格を失うという規定は共通している。第二に、収益の分配や使途においても、個人分配はできず地域の共益費に充てなければならないという規定は両者に共通する。

一方で両制度の相違点としては、管理運営機構がある。財産区では地方自治法に基づく総会、区議会、管理会といった機関が設けられており、市町村議会による一定のコントロール下に置かれる。それに対して、認可地縁団体には法律で定められた管理運営機構は存在せず、管理運営は当該地縁団体が自由に行うことができる。また、市町村長による指揮監督権限は有り・無し両方の解釈があるが、実際は市町村長によるコントロールはほとんどみられないようである。さらに、財産区は公法人であることから、固定資産税や市町村民税は課税されないが、認可地縁団体は原則として課税される。ただし、認可地縁団体であっても法人住民税は収益事業を除いて減免され、また同様に固定資産税も減免する市町村が多いようである。

このように、認可地縁団体は財産区と共通点が多いが、財産区と異なり市町村からの制約を受けず独立した団体であるという利点を持っている。そのため、財産区を解散させた後の受け皿として選択されていると考えられる。

表３－１　財産区・認可地縁団体・入会集団の比較

		入会集団（非法人）	財産区	認可地縁団体
集団の性格		入会権という私有財産権者の集団。	市町村の一部で財産を有しもしくは公の施設を設けているもの。	一定の地域に居住する集団。
根拠となる法律		民法　第 263,294 条（入会権の規定）	地方自治法　第 294-297 条	地方自治法　第 260 条の 2
権利関係	地盤登記名義	個人・共有・集団名・大字名など。	財産区 （表題部登記のみで大字等の名義のものもある。）	認可地縁団体 （認可地縁団体名義で財産を登記しない場合もある。）
	入会権の存否	あり	ある場合とない場合とがある。 （入会権公権論では、旧慣使用権があるとされる。）	不明。（入会権の解消が明文化されていない限りは存続していると解釈される。）
構成原理	構成員	入会慣習によって認められた世帯。	当該財産区の区域内に住所を有する全ての個人。	一定の区域内に居住する個人。（全住民が構成員であるとは限らない。）
	脱退手続き	離村失権。持分払戻はないのが原則。	転出と同時に構成員たる資格を失う。	転出と同時に構成員たる資格を失う。
設立手続き		慣習による。	旧財産区：町村制施行前から財産をもっていた町村の一部が財産区とされる。 新財産区：市町村の廃置分合、境界変更の場合に協議にもとづき設置する。	市町村長の認可を受ける。
管理運営機構		「村」寄合を中心とする伝統的な管理機構。	地方自治法に基づく管理機関（総会、区議会、管理会）、または管理機関を持たない。	規定はない。
収益の分配・使途		共益費および個人分配。	個人分配できない。財産区の収益の使途は、公共的利益を増進する目的のものに限られる。	個人分配できない。地域活動の共益費にあてる。
行政指導		特になし	知事が地方自治法に基づく監査・監督を行う。	特になし
課税措置		法人住民税は収益事業を除いて課税されない。固定資産税は課税。	公法人であることから、法人住民税・固定資産税等は課税されない。	収益事業を除いて法人事業税・法人住民税（法人税割）は課税されない。（ただし、法人住民税（均等割）・固定資産税も収益事業を除き減免措置をとる自治体が多い。）

出典：武井・熊谷・黒木・中尾編（1989）、川島・潮見・渡辺（1961）、中尾（1984a）、（1984b）をもとに執筆者作成。

第4章

悉皆《しっかい》調査から見る財産区の現況と分析

財産区の現況を把握するために、全国1,827自治体（2007（平成19）年3月31日時点の基礎自治体1,804市町村および23特別区）へ郵送によるアンケート調査を実施した。送付は2007年3月1日付けとし、財産区の現況は同年3月31日時点のものを問うこととした。必要に応じて、ハガキによる回答の督促、および電話による回答の聴取りや督促を行った結果、1,795自治体（回収率98.3%）から回答を得た[※12]。回収率は100%ではなく、一部の自治体からは回答を拒否されたりしたが、ほぼ財産区の現況を解析できる回収率だと考える。本章では、この悉皆調査の回答から、財産区の概況を述べることとする。

第1節　財産区の現況

（1）概　況

2007年3月31日時点で運営中の財産区を設置する自治体は442自治体（24.2%）であり、財産区の数は3,710にのぼる。財産区設置状況を図4－1によって全国的に概観すると、財産区の存否および多寡には地域的な偏りがあることが認

※12　明らかな誤記入や記入漏れについては、筆者の方で修正及び追記をした。

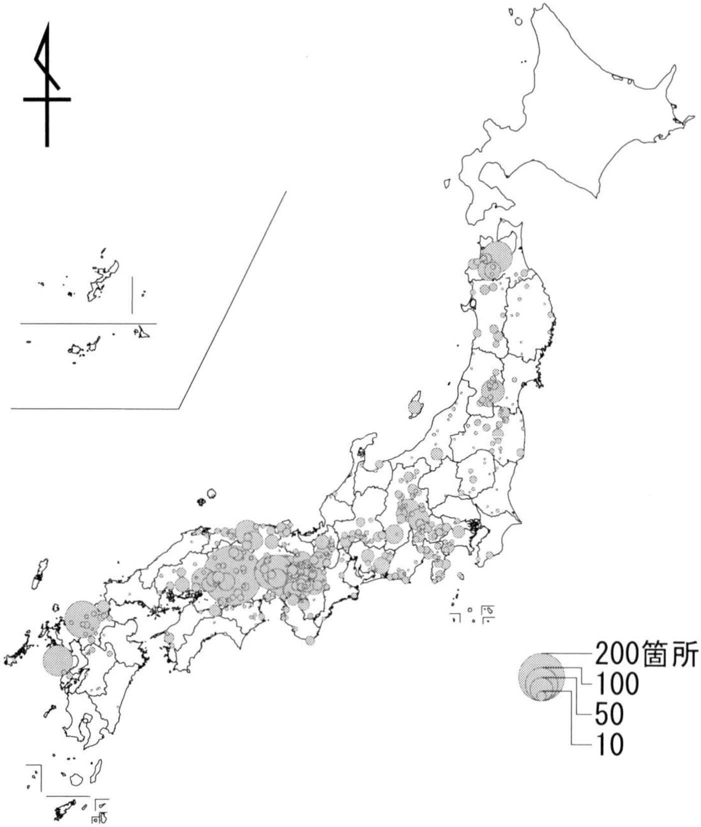

図４－１　市町村別財産区設置数

められる。

表４－１は、都道府県別での財産区設置数上位をみたものである。これによると、大阪府の514を筆頭に、以下、兵庫県の491、岡山県の423、青森県の209、と100を超える都道府県が続く。一方で、北海道、埼玉県、佐賀県、鹿児島県、沖縄県のように、財産区を全く持たない都道府県もある[※13]。

同様に、表４－２は市町村別での財産区設置数上位をみたものである。岡山県岡山市を筆頭として兵庫県神戸市、福岡県福岡市、兵庫県加古川市など、市町村

※13　このうち、埼玉県寄居町には2003（平成15）年まで財産区が存在したが、方針変更により財産区は解散し、これ以降、埼玉県内の財産区は皆無となった。本章２節１）を参照。

表４－１　財産区設置数上位 10 都道府県

	財産区を有する市町村数	財産区の合計数
大阪	26	514
兵庫	23	491
岡山	16	423
青森	17	209
福岡	14	179
長野	25	175
山梨	17	159
鳥取	13	138
広島	13	130
奈良	8	118

表４－２　財産区設置数上位 10 市町村

都道府県	市町村	財産区数
岡山県	岡山市	315
兵庫県	神戸市	159
福岡県	福岡市	122
兵庫県	加古川市	106
青森県	青森市	88
兵庫県	三木市	87
長崎県	長崎市	86
奈良県	天理市	66
大阪府	大阪市	65
大阪府	和泉市	57

表４－３　財産区設置数の度数分布

設置財産区数	市町村数
101-	4
51-100	8
21-50	23
11-20	32
6-10	65
1-5	309

単位であっても 100 を超える財産区を持つ自治体も存在する。表４－３に財産区設置数に関する度数分布を示すように、市町村単位での財産区設置数のばらつきは極めて大きい。財産区を有する自治体の中での平均設置数は、8.4 である。

分布の特徴を述べると、特に関西～中国地方、中部地方、九州北部、東北北部に集中的に多数の財産区が設置されている。このような地域的な相違が出てくる理由は、前述したように、法規上、旧財産区の認定基準に関して記述がないため、それぞれの時期の都道府県の行政機関の旧町村財産に対する姿勢の相違、例えば入会公権論か入会私権論のどちらに依拠するか、によるものだと思われる[※14]（渡辺 , 1974：14 など）。旧財産区の分布様式が、ここでみた全財産区の分布様式に強く反映されていることは次項で確認する。また、もう一つの特徴として、これらの地方の中でも、人口数十万人以上の中～大規模都市が極めて多数の

※ 14　例えば矢野は、大阪府は入会公権論に基づき、1967（昭和 42）年から 1973（昭和 48）年の間に、部落有財産を財産区としてみなす傾向があったことを指摘している（矢野 , 2005：70-76）。事実、大阪府の財産区数は 1957（昭和 32）年の 115 から、1976（昭和 51）年の 791 へと増加している（旧自治省『地方自治月報』による）。

財産区を有していることが指摘できる。このようになった事情として、①財産区は合併前の旧町村の単位で設置されることから、こうした自治体が過去に広域的に合併を繰り返してきたこと、②明治の大合併の際、旧財産区で区議会設置の条例を公布したものの多くが、都市部であり（渡辺ほかa, 1959：68)、部落有財産ではなく明確に財産区として認定されてきたこと、が考えられる。

（2）設置時期

財産区の設置時期について、不明もしくは未記入の回答は670（18.1%）にのぼり、正確なことは言い難いが、大まかな傾向について確認しておく。なお、不明もしくは未記入であった財産区はおおむね旧財産区であると考えられる。なぜなら、前章で述べたように、旧財産区に関しては、そもそもその存在を明確に認定できない場合も多く、行政当局で財産区の内情を把握することが困難であると考えられるからである。

まず、財産区の設置年代別に財産区数をみると、表4－4のとおりとなる。この区分は、先述の旧財産区と新財産区の区別、また合併に関する法律の施行状況などによって設けた。町村合併促進法施行前に設置された財産区が、設置年月の記入があった有効回答財産区3,040のうち47.3%を占めており、旧財産区が多

表4－4　設置年代別財産区数

設置時期		財産区数
地方自治法施行（昭和22年5月3日）以前		1,361
	明治時代に設置されたもの	1,317
	大正時代に設置されたもの	10
	昭和時代に設置されたもの	34
地方自治法施行後町村合併促進法施行（昭和28年10月1日）以前のもの		78
町村合併促進法施行後地方分権一括法施行（平成12年4月1日）以前のもの		1,544
地方分権一括法施行後のもの		57
不明・無回答		670
合計		3,710

注：明治時代に設立された旧財産区であるが、昭和の大合併の際に名称のみ変更等となったため、昭和時代に設立されたという誤回答が見受けられた。そのため、一部の旧財産区が昭和時代設立の欄に含まれている。

く残っていることがわかる。なお、地方自治法施行以前に設置された財産区についてこれを年号別にみると、明治時代に設置されたものが圧倒的に多くなっている。

次に、新財産区と旧財産区の違いに着目して都道府県別の財産区設置状況をみる（表４－５）。旧財産区を多く設置しているところをみてみると、岡山県の378を筆頭に、兵庫県264、大阪府186となり、旧財産区は特に関西～中国地方で設置が多かったことがわかる。その一方で新財産区については、筆頭は広島県

表４－５　都道府県別新・旧財産区数

都道府県	旧財産区	新財産区	不明・無回答	計	都道府県	旧財産区	新財産区	不明・無回答	計
北海道	0	0	0	0	滋賀	15	86	6	107
青森	84	56	69	209	京都	39	65	0	104
岩手	6	11	0	17	大阪	186	119	209	514
宮城	0	5	0	5	兵庫	264	91	136	491
秋田	3	57	1	61	奈良	79	16	23	118
山形	1	50	51	102	和歌山	1	47	0	48
福島	9	75	0	84	鳥取	12	79	47	138
茨城	0	6	0	6	島根	3	4	4	11
栃木	3	16	0	19	岡山	378	32	13	423
群馬	0	1	0	1	広島	9	121	0	130
埼玉	0	0	0	0	山口	1	1	0	2
千葉	1	2	6	9	徳島	2	17	1	20
東京	4	4	0	8	香川	5	33	3	41
神奈川	5	32	0	37	愛媛	1	23	9	33
新潟	17	26	1	44	高知	0	3	2	5
富山	2	10	0	12	福岡	142	36	1	179
石川	0	8	0	8	佐賀	0	0	0	0
福井	1	1	0	2	長崎	0	60	29	89
山梨	10	120	29	159	熊本	2	22	1	25
長野	58	96	21	175	大分	0	2	0	2
岐阜	27	54	7	88	宮崎	1	0	0	1
静岡	46	50	0	96	鹿児島	0	0	0	0
愛知	16	51	0	67	沖縄	0	0	0	0
三重	6	13	1	20	計	299	744	186	1,229

の 121 であるが、次いで山梨県の 120、大阪府の 119、長野県の 96、滋賀県の 86 等の順となる。新財産区は、旧財産区と比較すると、地域の偏りが少なく、各地に設置されている。

（３）財産の種別

続いて、財産区の財産についてみていく。この項目に関しては、有効回答率が高く（95.7%）、比較的正確な数字をみることができる。

表４－６のとおり、財産区が所有する財産のうちでは山林が最も多く 2,019 財産区がこれを所有または管理しているが、これは財産の種別が記入されていた有効回答財産区の 56.9%にあたる。次に割合が高いのは墓地を財産として所有している財産区であり、950 財産区、26.8%にあたる。さらに、用水池・沼地（ため池を含む）、宅地を財産とする財産区もそれぞれ 750、618 と目立つ。変わったと

表４－６　財産区が保有・管理する財産の内容

財産の内容	保有・管理する財産区数	割合 (%)
山林	2,019	56.9
※山林、原野もしくは保安林	2,259	63.6
墓地	950	26.8
用水池・沼地（「ため池」を含む）	750	21.1
宅地	618	17.4
原野	553	15.6
田・畑	182	5.1
雑種地	167	4.7
保安林	90	2.5
堤塘	89	2.5
公衆用道路	75	2.1
用悪水路・井溝	34	1.0
鉱泉地	19	0.5
境内地	15	0.4
現金・預金・有価証券	12	0.3
不明・無回答	160	—
		有効回答：3,550

注：「割合」は有効回答に対する割合

ころでは、鉱泉地（温泉）を所有していたり、不動産ではなく現金といった動産しか所有していない財産区もある。なお、表４－６に掲載していない財産としては、公園、学校用地、上水道、共同浴場、牧場などがある。以下の分析では、

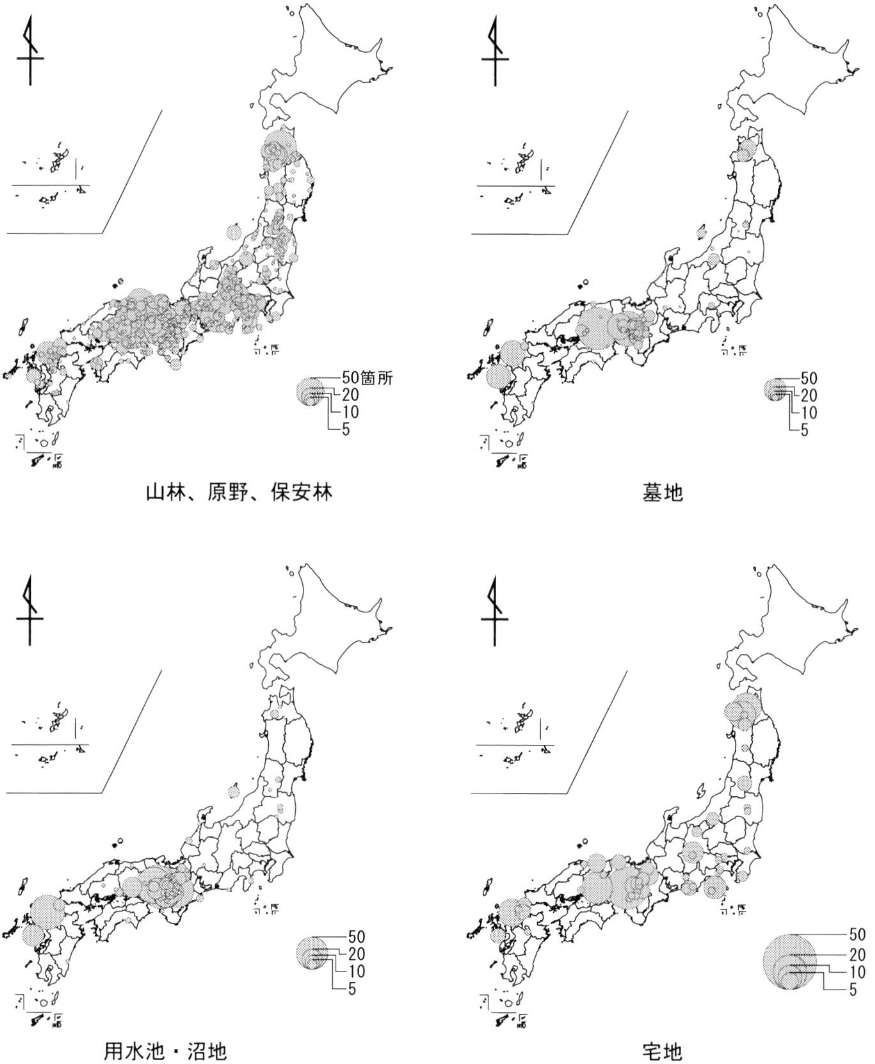

図４－２　主要な財産の種別ごとに見た財産区の分布

「山林・原野・保安林」、「墓地」、「用水池・沼地」、「宅地」を主要な財産内容として取り上げることとする。ここで、「山林・原野・保安林」とまとめたのは、いわゆる「林野」に相当する区分であり、前章までにみてきたように、政策的に同一的に扱われてきたためである。

図4－2に主要な財産別の財産区分布を示す。「山林・原野・保安林」を財産

表4－7　新旧別にみた財産の種別の特徴

	旧財産区		新財産区		新旧不明		新旧比
種別	実数 (A)	有効回答に占める割合	実数 (B)	有効回答に占める割合	実数	有効回答に占める割合	A/(A+B)：B/(A+B)
山林・原野・保安林	930	64.6%	1329	83.0%	242	36.1%	0.41：0.59
用水池・沼地	583	40.5%	167	10.4%	174	25.0%	0.78：0.22
墓地	760	52.8%	190	11.9%	203	30.3%	0.80：0.20
宅地	419	29.1%	199	12.4%	94	14.0%	0.68：0.32
有効回答数	1439	—	1601	—	670	—	—

写真4－1　財産区が所有する事務所（山梨県北杜市浅尾原財産区）
（撮影：2007年10月16日）

にもつ財産区は、全国的に広く分布することがわかる。これ以外の財産を保有する財産区は、関西〜中国地方、九州北部などに局地的に集中していることを特徴としている。

「山林・原野・保安林」対「墓地」、「用水池・沼地」、「宅地」の特徴の対比は、財産区設置時期によって財産区の財産内容の相違をみた場合にもみることができる（表４－７）。「山林・原野・保安林」を財産とする財産区では新財産区が大きな割合を占めるのに対し、それ以外では、旧財産区が大部分を占める。「山林・原野・保安林」を財産とする財産区の多くが新財産区として設置されている背景として、前章で述べた部落有林野統一政策の影響が大きいと考えられる。つまりこの政策によって、昭和の大合併前の旧市町村を単位とする林野所有が築かれ、これが新財産区を設置する素地となったと考えられる。

（4）管理土地面積

前述で確認したように、財産区が有する財産の主要なものは不動産である。その規模について、財産区が所有もしくは管理する土地の面積からみていく。なお、ここで扱っている財産区の財産は財産区単独ではなく、他機関と共有される場合も含まれ、登記簿上の「財産区有」財産と必ずしも一致するわけではない。表４－８に示すように、財産区によって面積規模にきわめて大きな開きがある。最小値 3.3m^2（0を除外）と最大値 30,812ha の差はおよそ1億倍となり、平均値

表４－８　財産区管理土地面積の階級分布

面積（単位：ha）	財産区数	累積面積割合
10,000 以上	2	10.0102
1,000 以上 10,000 未満	109	52.6419
100 以上 1,000 未満	686	93.1669
10 以上 100 未満	786	99.4395
1 以上 10 未満	713	99.9542
0.1 以上 1 未満	585	99.9961
0.01 以上 0.1 未満	437	99.9999
0.01 未満	128	100.0000
有効回答	3,446	

としては160haとなる。また、回答のあった財産区の総面積は5,502.32km^2であり、日本の国土面積377,915km^2（2005年10月1日現在）と比較すると、財産区は日本の国土の少なくとも1.46％を占めていることがわかる。若干ながらアンケート未回収自治体があり、また管理面積が未記入の回答（7.1％）があったことから、実際の管理面積は前述の数値よりは間違いなく大きくなる。日本の宅地の割合は、2005（平成17）年１月１日現在、4.25％であり、それと比較すると財産区の総管理面積がいかに広いものかがわかるであろう。

また、第２章で述べたとおり、財産区は市町村合併を契機として合併前の旧市町村の単位で設置されることから、一般に設置時期が新しいほど財産区の規模は大きくなるはずである。このことは、設置時期別に財産区の管理土地面積をみることによって確認できる。旧財産区の管理土地面積の平均が78.2ha（有効回答1,378）であったのに対し、新財産区のそれは264.4ha（有効回答1,539）であった。

（５）機関の設置状況

最後に機関の設置状況についてみておく。機関の設置は財産区にとって必ずしも必要なものではないが表４－９のとおり、67.3％が設置している。そのうち管理会が最も多く、総会はきわめて少ない。

これらの機関を設置した時期を時期別にみると、町村合併促進法施行以前に設置されたもので、議会をもっているものは207、管理会をもっているものは358、機関を設けていないものは809となっている。一方で、町村合併促進法施行後に設置されたもので、議会をもっているものは386、管理会をもっているものは1,167、機関を設けていないものは41であった（表４－10）。町村合併促進法施

表４－９　財産区を管理する機関の設置状況

機関を設けている財産区数				機関を設けていない財産区数	不明・無回答	合計
	内訳：機関の種類					
	議会	管理会	総会			
2,495	640	1,750	105	1,077	138	3,710

行以前に設置された財産区で、機関が設けられていない財産区が多いのは、旧財産区制度のもとでは基本的に機関を設けない方針であった（「明治 24 年 4 月 25 日区会設置上ノ注意通牒」）ことによる。

また、財産区が管理する財産の種別によって、機関の設置状況をみてみると、表４－11 のようになる。すなわち、山林・原野・保安林を保有する財産区では８割近くが何らかの機関を設けているのに対し、そのほかの財産を保有する財産区では、半数前後が機関を設けていない。このことの理由として、一つに山林・原野・保安林を保有する財産区に新財産区が多いこと、第二に設立当時の山林の資産価値が高く、機関を設けた上での厳正な管理が必要とされたことが考えられる。

さらに、管理面積規模によって、機関の設置状況を示したのが表４－12 である。管理規模が大きいほど何らかの機関が設置され、とりわけ、議会を設ける比

表４－10　新旧別にみた機関設置状況

設置される機関		旧財産区		新財産区		新旧不明	
		実数	構成比（%）	実数	構成比（%）	実数	構成比（%）
あり	議会	207	14.4	386	24.1	47	6.9
	管理会	358	24.9	1,167	72.9	235	34.6
	総会	12	0.8	3	0.2	89	13.1
	小計	577	40.1	1,556	97.2	371	54.6
なし		809	56.2	41	2.6	227	33.4
不明・無回答		53	3.7	4	0.2	82	12.1
有効回答数		1,439		1,601		680	

表４－11　管理財産の種別別にみた機関設置状況

	山林、原野、保安林		用水池・沼地		墓地		宅地	
設置機関	実数	構成比(%)	実数	構成比(%)	実数	構成比(%)	実数	構成比(%)
議会	615	27.2	26	3.5	57	6.0	81	13.1
管理会	1,265	56.0	339	45.2	334	35.2	281	45.5
総会	69	3.1	23	3.1	27	2.9	12	1.9
なし	273	12.1	351	46.8	505	53.2	225	36.4
不明	35	1.5	11	1.5	27	2.8	19	3.1
計	2,259	100	750	100	950	100	618	100

表4－12　管理面積別にみた機関の設置状況

面積区分（単位：ha）	設置機関				
	議会	管理会	総会	なし	不明
10,000 以上	1	1	0	0	0
1,000 以上 10,000 未満	43	65	0	0	1
100 以上 1,000 未満	289	374	7	16	0
10 以上 100 未満	191	501	21	64	9
1 以上 10 未満	55	344	39	255	20
0.1 以上 1 未満	22	204	22	325	12
0.01 以上 0.1 未満	4	105	13	304	11
0.01 未満	5	33	2	86	2

率が高くなる傾向が見出される。逆に規模が小さいほど、機関を設けず運営される財産区が多く、機関を設置する場合であっても管理会の比率が高くなる傾向がある。このことは、財産規模が大きくなればなるほど厳正な管理を必要とするためであると考えられる。

（6）小　括

以上みてきたように、財産区の現況が明らかとなり、分布その他さまざまな側面において、ある一定の傾向を見出すことができた。ここでみえてきた傾向は、財産区の設置時期を軸として整理すると理解しやすいであろう。すなわち、旧財産区では、相対的に用水池・沼地や墓地、宅地などの財産が多く、これらを管理する財産区は近畿地方から九州北部の都市やその近郊に集中的に分布する。さらに、旧財産区の財産の規模は小さく、管理に当たっては機関を何ら設けないことが多い。一方で、新財産区は相対的に山林を管理するものが多く、全国的に設置がみられる。そして、財産の規模は大きく、管理に当たっては何らかの機関が設けられることが多い。

第２節　平成の大合併と財産区

前述の旧財産区および新財産区の箇所などでふれているが、1889（明治 22）

表４－13　平成の大合併により財産区に変更が生じた市町村

合併した自治体	うち財産区がある、もしくは合併時まで財産区があった自治体	平成の合併により財産区に変更が生じた自治体	平成の合併による財産区の変更が生じなかった自治体
558	240	40	200

合併を契機に財産区を新設した	合併を契機に財産区を合併させた	合併を契機に財産区を解散した
26	1	12
(65.0)	(2.5)	(30.0)

注：財産区の変更内容は複数回答であり、() 内の数値は母数＝40に対する割合（%）を示す。
合併に伴う財産区の名称変更のみの場合は、「変更はしていない」と分類。

年の市制・町村制施行に伴い始まった明治の大合併および、1953（昭和28）年に「町村はおおむね、8,000人以上の住民を有するのを標準」（町村合併促進法第３条）とする町村合併促進法、1956（昭和31）年の新市町村建設促進法により促された昭和の大合併において、財産区はその設置数を大きく伸ばしている。それでは、平成の大合併では財産区にどのような変化が起きているのであろうか。まず、平成の大合併が自治体にもたらした影響について概観する。

平成の大合併では、1995（平成７）年に改定された合併特例法により、合併特例債を中心とした行財政面での支援を政府が行うことで合併を促し、1999（平成11）年に3,232あった市町村の数は、2005（平成17）年４月には1,820にまで減少した。合併特例債等の特例が2005（平成17）年３月31日で廃止となったが、同年４月に施行された合併新法により2010（平成22）年３月末まで合併の動きが続いていった。本調査では、この今次の大合併に関与した新市町村のうち、558自治体から回答を得た。これらの回答から、合併を契機として①財産区を解散した、②財産区を新設した、③財産区を合併した自治体があることが明らかとなった。解散や新設といった大きな変更を行った自治体は表４－13のとおり、それほど多くはない。以下、それぞれの動向を詳しくみていく。

（1）解　散

平成の大合併を契機に解散した財産区に限ってみれば、自治体にして12、財産区数にして29である。ところが、合併を契機としない、すなわち、方針変更を理由に解散した財産区の数もこれに匹敵する。方針変更を理由に平成の大合併以降（2000年4月1日以降）解散した財産区は、25ある。なお、本調査では平成期に入って以降に解散した財産区についても回答を得ており、その総数は74であった。こうしてみると、平成期における財産区の解散に対する平成の大合併の影響は相対的に小さく、むしろ、財産区を解散せざるを得ない一般的な事情が存在するものと考えられる。

財産区の総数からみれば、平成期以降の解散率は2.0%であることから微々たる数であるが、その傾向には大きな特徴がある。すなわち、財産の種別に注視してみると、合併と関係なく運営方針の変更に伴う解散のものも、合併に伴う解散のものも、どちらもそのほとんど、すなわち90%以上が山林を保有している。これは、現在運営中の財産区の山林保有割合56.9%を大幅に上回っている。そのため、先に示唆した財産区の解散にかかわる一般的な事情とは、長期的な国内の林業不振であると推測される。平成の大合併は、山林を財産区という制度下で管理していくことを再考する契機を与えたと解釈できる。

また、解散後の形態であるが、過半以上は市町村有化されており、15%が認可地縁団体有（第3章4節参照）へと移行している（表4－14）。市町村有化され

表4－14　平成以降に解散した財産区の解散後の形態

解散の時期・契機	個人有	共有	市町村有	認可地縁団体有	無回答	合計
平成の合併に伴う解散	0	1	12	6	10	29
合併特例法(H12)以降の運営方針変更による解散	1	0	19	4	1	25
平成元年～合併特例法(H12)以前の合併もしくは方針変更に伴う解散	0	0	14	1	3	16
解散理由無回答	0	0	2	0	0	2
平成以降の解散	1	1	47	11	14	74

るということは、部落有財産の保有主体としての財産区が全く機能を失っていたか、昭和の大合併時に旧市町村財産を引き継いで財産区となったため、実質も純粋な市町村有財産に近かったか、の２つのケースが考えられる。一方で、認可地縁団体有に移行された財産区は、ほぼ間違いなく部落有財産の所有主体としての財産区であると考えられる。すなわち、平成の大合併に伴い財産区が新市町村に移管されると、従来地元部落等が実質的に保持してきた管理権限が干渉される可能性があることを懸念して、より市町村の干渉が少ない認可地縁団体を選択したものと思われる。認可地縁団体になることは、税制上の優遇措置などを失うことになるが、市町村の干渉を少なくし、地元部落等の管理権をより強固な形でもつことが可能となる。

（2）新　設

合併に伴い新設された財産区は55であり、この数は明治の大合併および昭和の大合併と比較すると※15、きわめて少ない数である。その理由はいくつか考えられるが、少なくとも次のことがいえるだろう。財産区を新設する場合は、合併前の市町村の区域で旧市町村有財産において設置するため、明治や昭和の大合併と比べるとかなり広い地域範域となる。また、財産区の財産としてかつては経済的価値が大きかった林野は、現在はむしろ管理に費用がかかる厄介な財産として認識されることが多いと考えられる。そのため、旧市町村にとどめておく動機が働きにくい。以上のことから、合併前の市町村有財産を敢えて財産区として残すよりは、新市町村へ持ち込むケースが多かったのだと考えられる。

数は少ないが新設された財産区にはある大きな傾向がある。財産区の新設が多く行われた都道府県を表４－15に示す。山梨県において、全体の45％に上る25もの財産区新設があり、際立っている。これらの大部分は、恩賜県有財産保護組合が財産区に変更になったものであった。恩賜県有財産とは、恩賜林とも呼

※15　旧自治省『財産区の概況（昭和38年4月1日現在）』によれば、明治の大合併の折に設置されたと思われる財産区（明治期に設立された財産区）は2,121、昭和の大合併の折に設置されたと思われる財産区（1953（昭和28）年10月1日の町村合併促進法施行から1963（昭和38）年4月1日までに設置された財産区）は1,592とされている。

ばれ、1911（明治44）年、入会林野として利用されてきた経緯を持つ山梨県下の御料地のうち16.4万haが県に下賜されたのが始まりとなっている。地盤の所有主体は県であるが、管理・収益の単位は実質的に旧来の入会関係団体であり、「保護団体」と位置付けられる（大橋, 1991：140-141）。筆者らは2007年10月に山梨県庁等に聞き取り調査を行った。それによると、関係団体の範囲が複数市町村にまたがる場合、保護団体（恩賜県有財産保護組合）は一部事務組合（地方自治法第284条など）という法人格を持つが、市町村合併により、関係団体の範囲が新市町村の一部におさまる場合、法人格を財産区にしたということである。いわば、行政手続き上の必然として財産区が新設されたといえる。

表4－15　市町村合併により財産区を新設した県

	財産区を新設した市町村数	新設された財産区の合計数
山梨	6	25
香川	1	4
岐阜	1	4
広島	3	3
愛知	3	3
長野	2	2
滋賀	1	2
三重	1	2
岡山	1	2
愛媛	1	2
和歌山	1	1
兵庫	1	1
島根	1	1
石川	1	1
徳島	1	1
熊本	1	1
計	26	55

これら以外の財産区が新設された経緯・理由については、本悉皆調査からは糸口を見出すことができない。また、解散した財産区と同様、新設された財産区もほぼすべてが山林を財産内容としており、今次の合併でなぜ山林において特異的に財産区が新設されるのかは、はっきりとした理由はわからない。ただ、昭和の大合併を経た市町村のような広域で共同的に利用される資源は、山林以外に考えられなく、他の資源が財産区に組み込まれる可能性は考えにくい。そのため、平成の大合併において、あえて財産区を新設することになるのは、山林に関するものであると、弱いながらも推測される。

（3）合　併

平成の大合併を機に、財産区が合併した例が１自治体でみられた。それは、福岡県久留米市に旧・田主丸町が編入される際、田主丸町船越財産区、田主丸町東部財産区、田主丸町西部財産区の３財産区が合併され、田主丸財産区となったものである。

第３節　市町村における財産区担当部署

制度上、財産区は市町村長の管理下に置かれている。現実的には、筆者らのこれまでの事例調査の経験では、市町村における何らかの部署が、単なる事務の取りまとめから積極的な運営指導まで様々なレベルで財産区を管理している（もちろん、全く管理していない、把握していないというレベルもある)。これまで何度も指摘してきたように、ローカル・コモンズとしての財産区が踏襲してきた慣習と、法律や政令で定められる財産区運営指針とが鋭く対立する場合がある。そうしたとき、現実的にどのような財産区運営をなしうるか、ということは、財産区に関する実務を担う行政担当者の裁量にゆだねられていると言って過言ではない。

今回行った悉皆調査では、アンケート回答者の属性データとして、回答者の所属部署について回答を得ている。財産区担当部署を明らかにする目的を持って設けた設問でないため、必ずしもこの回答が財産区担当部署を示すとは言えない（例えば、財産区住民である市町村職員のうち年長者が持ち回りで担当する（＝属人的業務継承)、という仕組みの場合、担当者の所属部署が担当部署であるとは言えない）が、目安としては財産区担当部署にどのような傾向があるかを知ることは可能であると考えられる。

表４－16　財産区悉皆調査回答者の所属部署

管財系	総務系（非管財系）	農林系	支所	その他	不明	合計
197（45%）	130（29%）	61（14%）	21（５%）	24（５%）	9（２%）	442

市町村の部署名は多岐にわたるが、いくつかの類型に分類したうえで集計した結果が表４－16である。以下、それぞれの類型について若干の説明と、財産区運営の自由度という観点から考察を加えておく。

（1）管財系

管財系としたのは、「管財～課」、「～管財課」、「財務課（部）」、「財務～課」、「出納課」などと称されている部署で、最も多くの回答者（44.6%）がこうした部署に在籍していることがわかった。

こうした部署は、市町村の財産を管理する部署であると判断されるが、そうであればあくまで市町村の財産として財産区をとらえる感覚が備わっているものと推察される。すなわち、ローカル・コモンズ固有の財産として財産区をとらえるのではなく、あくまで市町村に従属もしくは附属するものとして財産区をとらえ、またそのように扱う可能性が高いと推察されるのである。また、通常の管財系の業務の中では、入会を始め地域の慣習を扱うことがほとんどないと思われるため、ローカルな慣習に対する理解も不足しがちであると考えられる。したがって、しばしば一方的に財産区をコントロールする事態も発生するものと推察される。

（2）総務系（非管財系）

総務系としたのは、「総務～課」、「庶務課」、「総合業務」などと称されている部署で、30%ほどの回答者が、これに該当した。

管財系のように市町村のものとして管理しようとする動機は働きにくいと思われるが、管財系と同様、入会などのローカルな慣習の理解につながるような業務が多いとは思われない。積極的に財産区を管理しようとする事態にはなりにくいが、状況によっては、財産区運営へのコントロールを強める可能性も低くはないと考えられる。

（3）農林系

農林系としたのは、「林務課」、「林政課」、「農林～課」、「産業～課」などと称されている部署で、14% ほどの回答者がこれに該当した。農林系が財産区担当部署になっているとすれば、それは財産区財産の大部分が山林であるという理由からであろう。

農林関係の業務に携わっていれば、おのずと入会の慣習や集落機能について触れ、理解を深めるものと思われる。したがって、財産区の運営に当たっては、ローカル・コモンズの自主性を可能な限り尊重した運営が可能になるように便宜を図る可能性は高いと考えられる。

（4）支　所

支所を所属部署としていた回答者は５％ほどあった。支所は市町村の一部地域のことを特別にケアするために設けられていると判断されるから、当然ながら、地域の事情を（少なくとも市役所本庁よりは）汲み取っていると考えられる。したがって、ローカルな慣習を尊重した財産区運営を肯定しやすい立場にあると言える。

以上、財産区担当部署を近似的に示すものとして上記の結果をみるならば、全体の 74% において管財系と総務系（非管財系）が財産区担当部署となっており、大部分の財産区は、その運営の自由度を支える行政の後ろ盾を持っていないと言えるだろう。

第5章

財産区を活かす道

第1節　財産区の地域コミュニティにおける役割

ローカル・コモンズ論では、地域コミュニティにおける自然資源の共同管理制度などの慣習的社会システムとともに、国家の関与や技術主義の補完的役割が指摘されてきている。すなわち、資源や近代技術、在地の所有権制度、そして、国家などが関与するより大きな制度的取り決めについて、良きバランスを主張し、政府と地域コミュニティなど多様なアクターが「共同管理（co-management）」によって、互いに力（権限）を分かち合うことの必要性が説かれている（菅・三俣・井上，2010：4、Berkes etc. ed.，1989：91-93）。このような重層的な権能分担は、「入れ子システム（nested system）」と呼ばれるものである。冒頭で登場したノーベル経済学賞受賞者のオストロムは、「コモンズ長期存立のための8条件」の一つとして入れ子状の組織の重要性を指摘している（Ostrom，1990：90）。入れ子システムでは、現場に最も近い社会的アクター、コモンズに直接かかわるメンバーがより多くの権能を持つが、一方、現場で問題が起きコモンズのメンバーで解決できないときは、より上位の組織が調停することが機能的であるとされる。

財産区における「入れ子」状態を示したものが、図5－1である。財産区の上

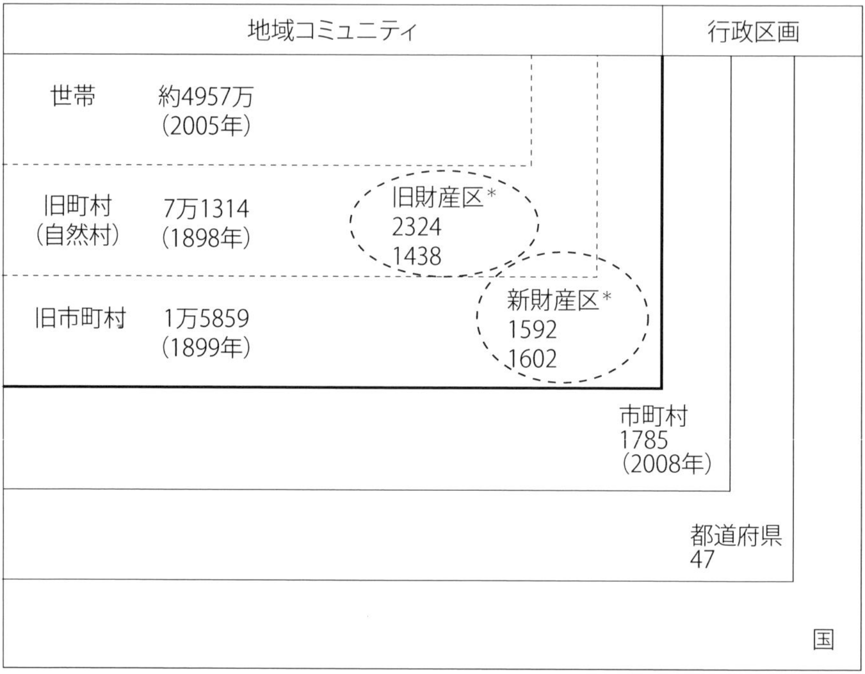

図５－１　地域コミュニティの重層構造と財産区の関係
注：＊上段は旧自治省調査（1963年）の数値、下段は財産区悉皆調査（2007年）の数値。

位組織としては、財産区の法的な管理者である市町村、そして都道府県、国が存在している。入れ子システムが公正に機能するためには、①国家・地方政府・住民などの多様なアクターによる責任分担、②地域住民の自律性の確保と様々な決定プロセスへの関与の保障、③公的な制度としての正統性の確保という要件が求められる（菅・三俣・井上，2010：4）。しかし、財産区の現状は、下記で改めて示すとおり、②と③に関しては財産区設立経緯などから生ずる問題があり、公正に機能しうるとは断言できず、地域コミュニティにおいて十全な役割を果たせるかは微妙である。

先述してきたが、財産区は公有財産に属するものの入会財産に起源を持っている。そのため、法的な外形は特別地方公共団体であるが、入会財産としての性格を今なお残存させていることが広くみられる。財産区財産から生じる収益は、原則非課税であり、また個人分配できないという建前から、大半が地域に還元される。結果として財産区は、小学校や中学校、公民館、上水道、道路などの建設・整備に財政的に多大に寄与してきた[※16]。かつてと比べて林野からの収入が激減している現在でも、2005（平成17）年度の総務省の地方財政状況調査によれば、財産区の収入（繰越金含む）は約933億円に上る[※17]。さらには、立木を市場で売却して得られる収入のように貨幣評価で表される交換価値にとどまらず、環境教育や地域住民の交流の場として利用するといった使用価値をも提供してきた（室田・三俣, 2004：173-184 ）。また、財産区の運営においては、市町村よりも当該地区の住民が主導的な役割を果たしていることが少なくない。このような観点からも、財産区がローカル・コモンズとして地域の共益のために大きな役割を果たしてきたことを評価できる[※18]。その上で、日本における他のローカル・コモンズと比較した財産区の特徴を検討しておく。

まず旧財産区は新財産区に比べると部落有財産としての性格が強く、入会財産をそのまま引き継いだものといえるだろう。一方、新財産区は他の法的所有形態をとる入会財産と比較して、地域コミュニティにとって次の点において意義を持つものである。新財産区は、単なる部落有財産から町村有財産を経ることで、一時は町村基本財産として認識された。近代の行政町村にとって、財政基盤の強化のために町村基本財産の蓄積は非常に重要な課題となっていた。一方、地元部落にとって、生活の糧であった部落有財産を簡単には行政町村に渡すはずがなく、町村有財産はときには激しい攻防戦の中でその統一が図られた。町村有財産の多

※16　例えば、和歌山県上富田町の岩田財産区では、1956（昭和31）年の財産区設立以来、多くの地域事業を支援している。1958（昭和33）年だけでも河川改修、県道整備、簡易水道整備、農道災害復旧、小学校倉庫建設などを支援しており、その他の年では婦人会や青年団、運動会への助成なども頻繁に行われている（岩田村のあゆみ編さん委員編, 2007：18-26)。

※17　すべての財産区が、基礎自治体に会計報告をしているわけではないため、全財産区の収入はさらに大きいと思われる。

※18 「財産区制度」自体は公有財産の制度で、法的観点から「共」的所有の一形態であると見なすのは無理があるという見解がある（矢野, 2006:112-114)。当然ながら､｢財産区であること、すなわちコモンズ」ではないが、多くの場合で「むら」の共有財産であり、ローカル・コモンズの性質や実態を残していると考える。そのような状態を重視し、財産区の多くはローカル・コモンズであると本書ではみなしている。

写真５－１　学校教育の一環として利用される財産区の森林（滋賀県甲賀市大原共有山財産区）
（撮影：2004年３月、嶋田大作氏提供）

寡は住民が負担する税額に直接に影響を及ぼすものであり、その交換価値の大きさは住民に高く認識されていたと考えられる。そして、その財産的価値の意義は、現在も失っていない。

加えて、財産区財産が町村有財産を経る中で付与された、あるいは制度そのものが持つ、公共性に着目する必要がある。財産区制度で目指されているのは、入会権者に限らず転入者をも含めた財産区住民全体の福祉の増進である。これは、未だに入会集団においてみられる、旧来からの住民のみが権利者であり転入者は権利を持っていないという現状とは対照的である。入会集団では権利者間での共益が追求されるとすると、財産区制度で追求される住民の福祉はそれより一段階「公」的なものであり、共益というより、むしろ公共性の概念により近づく。財産区制度において目指される高い公共性は、新住民の増加などにより、かつてに比べると成員の異質性が高まりつつある地域コミュニティには欠かせない重要な論点を提示しているといえるだろう。

第２節　これからの財産区のあり方

平成の大合併によって市町村という行政があまりに広域化したことは、財産区にとって一大転機となった。すなわち、財産区をはじめとしたローカル・コモンズを代表する声が決定的にマイノリティになってしまったのである（齋藤・三俣，2010：34 ）。行政の広域化がますます進む中で、地域の実情に即した自然資源管理であり、きめ細かな地域福祉を実現するためには、極めてローカルな政策実施主体が必要となってくる。このような現状の中で、多くが旧町村単位で存在する財産区は、独自の財源を持ちうることなどから、その主体になり得る可能性を秘めている。ただ現状では、名目的には「公」益を扱い、実質的には「共」益を扱うという、言うなれば「公」「共」の狭間に位置してきた財産区は、非常に微妙な立場におかれている。市町村が広域化し、都市と中山間地域といった異質な地域が同一の自治体となることにより、地方自治法に定められた「財産区のある市町村又は特別区の一体性をそこなわない」ように運営することは非常に難しくなった。財産区の運営に携わる市町村行政においては、財産区が経てきた歴史的経緯や地域固有の事情に通じる職員だけでなく、財産区を持っていなかった旧市町村の職員も関与することになる。そして、市町村においては透明性の高い行政運営が求められ、市民による監視の目はますます厳しくなってきている。また、市町村合併をしていない自治体においても、財産区のある地域では、ここ数十年の間に転入してきた住民（新住民）と旧来から財産区にかかわってきた住民（旧住民）との間で権利義務意識のズレが生じてきている（矢野，2006：109-117 ）。

このような中、行政当局が財産区運営への関与を強め、一律な法律解釈に基づいた財産区の運営しか認めなくなっていく可能性があり、現に一部の財産区では確認されている。例えば、財産区財産に直接かかわることにしか収益が使用できなくなり、地域の自治活動やインフラ整備への支援が中止されたりする。財産区から得られる収益の関係部落への還元が減れば、地域住民の財産区財産への関心が低下し、共同での山の手入れなどの管理が疎かになったり、役員のなり手がいなくなったりして、結果として財産区が地域に果たしてきた共益的な要素を失っていきかねない。入会財産は、元来、過剰利用が問題となり様々な規制が設けられてきたが、今日、過少利用が問題となる事態に至っている要因の一つは、硬直的な行政の対応をあげることができよう。単にエネルギー革命などによる薪炭利用が減るといった社会経済的変化だけではないと強く思われる。

財産区が所有ないしは管理する不動産が日本の国土の1.46%を占めるなど全国に幅広く設置されている財産区は、その有り様が行政当局との位置関係に左右されるという根本的な問題は未だに残っているが、コモンズの所有・管理制度としてより多くからの注目を集め、明治以来、ほぼ制度的変更がない財産区を名目的にも共益的利用できるような制度に変更することが、分権化の流れにも沿い望ましいと考える。地方自治法を改正することは難しいかもしれないが、硬直的な行政解釈の否定を明示し、さらに入れ子システムを公正に機能させるためにも、住民による柔軟な運用を可能とすることが求められよう。

平成の大合併に伴い基礎自治体がますます広域化する中で、きめ細かい地域運営そして自然資源管理をする上では、旧町村単位で設置され、独自財源を持つ財産区は、これまで以上の存在価値を持ちうる可能性を秘めていると言える。

資料編

Ⅰ 都道府県別アンケート結果

　Ⅰ－１　都道府県別財産区数

　Ⅰ－２　主たる財産の種別

　Ⅰ－３　機関の設置状況

Ⅱ 財産区別財産一覧

　Ⅱ－１　運営中の財産区

　Ⅱ－２　解散した財産区

　Ⅱ－３　平成の大合併に伴い新設された財産区

Ⅲ 本悉皆調査と総務省２種の調査結果の比較

Ⅰ　都道府県別アンケート結果

Ⅰ－1　都道府県別財産区数

	財産区を有する市区町村数	財産区の合計数	財産区を新設した市区町村数	新設された財産区の合計数	財産区を解散した市区町村数	解散した財産区の合計数
北海道	0	0	0	0	0	0
青　森	17	209	0	0	2	2
岩　手	9	17	0	0	4	7
宮　城	3	5	0	0	0	0
秋　田	14	61	0	0	4	7
山　形	15	102	0	0	0	0
福　島	24	84	0	0	3	5
茨　城	6	6	0	0	1	1
栃　木	8	19	0	0	0	0
群　馬	1	1	0	0	0	0
埼　玉	0	0	0	0	1	1
千　葉	2	9	0	0	0	0
東　京	3	8	0	0	0	0
神奈川	6	37	0	0	1	1
新　潟	11	44	0	0	0	0
富　山	4	12	0	0	0	0
石　川	6	8	1	1	0	0
福　井	2	2	0	0	0	0
山　梨	17	159	6	25	0	0
長　野	25	175	2	2	2	2
岐　阜	18	88	1	4	0	0
静　岡	24	96	0	0	0	0
愛　知	9	67	3	3	0	0
三　重	9	20	1	2	0	0
滋　賀	13	107	1	2	1	2
京　都	18	104	0	0	1	1
大　阪	26	514	0	0	0	0
兵　庫	23	491	1	1	1	1
奈　良	8	118	0	0	0	0

和歌山	11	48	1	1	2	5
鳥　取	13	138	0	0	0	0
島　根	6	11	1	1	1	1
岡　山	16	423	1	2	0	0
広　島	13	130	3	3	2	2
山　口	2	2	0	0	0	0
徳　島	11	20	1	1	2	3
香　川	9	41	1	4	3	6
愛　媛	6	33	1	2	1	7
高　知	3	5	0	0	0	0
福　岡	14	179	0	0	2	2
佐　賀	0	0	0	0	0	0
長　崎	2	89	0	0	0	0
熊　本	12	25	1	1	0	0
大　分	2	2	0	0	0	0
宮　崎	1	1	0	0	0	0
鹿児島	0	0	0	0	0	0
沖　縄	0	0	0	0	0	0
合　計	442	3710	26	55	34	56

注：解散した財産区とは、地方分権一括法施行（2000（平成12）年４月１日）後に解散した財産区を取り上げている。
施行前かつ平成以降に解散した財産区は、回答では16あった

Ｉ－２　主たる財産の種別

	山林	墓地	用水池・沼地	宅地	原野	田・畑	雑種地	保安林
北海道	0	0	0	0	0	0	0	0
青森	136	47	7	26	99	9	6	1
岩手	17	0	0	3	5	1	1	0
宮城	5	0	0	0	0	0	0	0
秋田	54	0	0	6	17	1	2	0
山形	55	8	3	25	10	12	14	2
福島	81	1	5	12	25	13	7	1
茨城	4	0	0	0	1	0	1	0
栃木	19	0	0	2	2	0	0	0
群馬	1	0	0	0	0	0	0	0
埼玉	0	0	0	0	0	0	0	0
千葉	7	0	0	0	3	0	0	0
東京	6	1	0	2	1	0	0	0
神奈川	35	0	0	0	7	1	0	2
新潟	36	25	8	25	23	2	7	1
富山	9	0	0	2	0	0	1	0
石川	6	2	4	5	2	1	1	2
福井	1	0	0	0	0	0	0	0
山梨	155	5	0	11	18	2	4	1
長野	150	0	0	6	19	2	3	6
岐阜	85	4	1	4	5	1	0	0
静岡	65	1	3	4	49	3	2	4
愛知	65	13	0	14	15	7	14	0
三重	18	0	3	6	7	1	1	0
滋賀	51	40	33	42	22	1	4	3
京都	93	15	16	13	9	5	1	0
大阪	42	202	215	62	29	23	6	0
兵庫	142	228	255	131	76	46	14	9
奈良	35	28	77	14	4	1	0	0
和歌山	45	1	2	2	2	0	1	3
鳥取	97	4	1	5	13	0	0	0
島根	11	0	0	0	0	0	0	1
岡山	189	173	20	63	33	17	22	35
広島	117	16	6	12	8	7	12	2
山口	2	0	0	0	0	0	0	0
徳島	15	1	0	1	0	0	0	3
香川	40	0	0	6	0	2	5	0
愛媛	29	2	0	3	0	0	0	1
高知	5	2	2	2	2	0	0	0
福岡	61	70	64	72	34	20	32	8
佐賀	0	0	0	0	0	0	0	0
長崎	9	60	24	36	7	4	6	5
熊本	24	0	0	0	4	0	0	0
大分	1	0	0	1	1	0	0	0
宮崎	1	1	1	0	1	0	0	0
鹿児島	0	0	0	0	0	0	0	0
沖縄	0	0	0	0	0	0	0	0
合計	2,019	950	750	618	553	182	167	90
割合	56.9	26.8	21.1	17.4	15.6	5.1	4.7	2.5

注１：主な財産をすべてとりあげているため、複数回答である
注２：「用水池・沼地」には、「ため池」と回答した財産区も含む
注３：割合は、主たる財産の記入があった財産区、3,550 に対するものである
注４：その他の財産としては、公園、学校用地、上水道、共同浴場、牧場などがある

堤塘	公衆用道路	用悪水路・井溝	鉱泉地	境内地	現金・預金・有価証券	不明・無回答	財産区の合計数
0	0	0	0	0	0	0	0
1	10	3	1	3	0	3	209
0	0	0	0	0	0	0	17
0	0	0	0	0	0	0	5
0	0	0	1	0	0	1	61
0	0	0	2	0	0	3	102
0	4	0	1	0	0	0	84
0	0	0	0	0	1	0	6
0	0	0	0	0	0	0	19
0	0	0	0	0	0	0	1
0	0	0	0	0	0	0	0
0	0	0	0	0	0	0	9
0	0	0	0	0	0	1	8
0	0	0	0	0	0	0	37
0	0	0	0	0	0	1	44
0	0	0	0	0	0	0	12
0	0	0	2	0	0	0	8
0	0	0	0	0	0	0	2
0	0	0	0	0	0	3	159
0	0	0	2	0	1	7	175
0	0	0	0	0	0	0	88
0	2	0	6	0	1	11	96
0	0	2	1	0	0	0	67
0	3	1	0	0	1	0	20
0	0	0	0	0	0	0	107
3	0	0	0	0	1	2	104
24	18	9	0	4	2	86	514
0	8	3	2	2	0	7	491
54	1	0	0	0	0	0	118
0	0	0	1	0	3	1	48
0	0	0	0	0	1	32	138
0	0	0	0	0	0	0	11
7	7	7	0	1	0	1	423
0	1	0	0	0	0	0	130
0	0	0	0	0	0	0	2
0	0	0	0	0	0	0	20
0	0	0	0	0	0	0	41
0	0	0	0	0	0	0	33
0	0	0	0	0	0	0	5
0	21	9	0	5	0	1	179
0	0	0	0	0	0	0	0
0	0	0	0	0	0	0	89
0	0	0	0	0	0	0	25
0	0	0	0	0	1	0	2
0	0	0	0	0	0	0	1
0	0	0	0	0	0	0	0
0	0	0	0	0	0	0	0
89	75	34	19	15	12	160	3,710
2.5	2.1	1.0	0.5	0.4	0.3		

Ⅰ－3　機関の設置状況

	議会を設けている財産区数	管理会を設けている財産区数	総会を設けている財産区数	機関を設けていない財産区数	無回答	合計
北海道	0	0	0	0	0	0
青　森	33	39	59	51	27	209
岩　手	2	15	0	0	0	17
宮　城	0	5	0	0	0	5
秋　田	10	42	1	8	0	61
山　形	6	48	0	48	0	102
福　島	13	71	0	0	0	84
茨　城	3	3	0	0	0	6
栃　木	15	3	0	1	0	19
群　馬	0	1	0	0	0	1
埼　玉	0	0	0	0	0	0
千　葉	6	3	0	0	0	9
東　京	0	8	0	0	0	8
神奈川	16	21	0	0	0	37
新　潟	11	24	5	4	0	44
富　山	6	6	0	0	0	12
石　川	0	8	0	0	0	8
福　井	0	2	0	0	0	2
山　梨	27	131	0	0	1	159
長　野	117	46	11	1	0	175
岐　阜	47	41	0	0	0	88
静　岡	51	42	0	3	0	96
愛　知	15	51	1	0	0	67
三　重	13	7	0	0	0	20
滋　賀	10	96	1	0	0	107
京　都	7	86	0	11	0	104
大　阪	9	99	2	323	81	514
兵　庫	29	353	1	108	0	491
奈　良	28	2	18	70	0	118
和歌山	11	37	0	0	0	48
鳥　取	17	121	0	0	0	138
島　根	0	11	0	0	0	11
岡　山	14	93	5	299	12	423
広　島	41	85	0	2	2	130
山　口	2	0	0	0	0	2
徳　島	10	9	1	0	0	20
香　川	25	16	0	0	0	41
愛　媛	19	14	0	0	0	33
高　知	0	5	0	0	0	5
福　岡	19	24	0	121	15	179
佐　賀	0	0	0	0	0	0
長　崎	0	62	0	27	0	89
熊　本	6	19	0	0	0	25
大　分	1	1	0	0	0	2
宮　崎	1	0	0	0	0	1
鹿児島	0	0	0	0	0	0
沖　縄	0	0	0	0	0	0
合　計	640	1,750	105	1,077	138	3,710

II　財産区別財産一覧

II－1　運営中の財産区

1）青森県

市町村	財産区名	主な財産	機関形式	新・旧
青森市	浅虫財産区	山林、原野、宅地	議会	新
〃	久栗坂財産区	山林、原野、墓地	議会	新
〃	荒川財産区	山林、原野	議会	新
〃	高田財産区	山林	議会	新
〃	枡形財産区	山林	議会	新
〃	雲呑財産区	山林、原野、宅地	議会	新
〃	合子沢財産区	山林、原野、宅地、墓地	議会	新
〃	深沢第一財産区	山林	管理会	新
〃	八重菊第一財産区	山林	管理会	新
〃	八重菊第二財産区	山林、原野	管理会	新
〃	新城財産区	山林、原野、墓地	管理会	新
〃	野内財産区	山林、原野、宅地	管理会	新
〃	土橋財産区	山林、原野	管理会	新
〃	大平財産区	原野	管理会	新
〃	孫内財産区	原野、山林	管理会	新
〃	安田財産区	山林、原野、墓地	管理会	新
〃	大別内財産区	山林、原野	管理会	新
〃	金浜財産区	原野、山林	管理会	新
〃	深沢第二財産区	山林	管理会	新
〃	野木財産区	山林、原野	管理会	新
〃	前田財産区	山林、原野	管理会	新
〃	幸畑財産区	山林、原野、宅地、墓地	管理会	新
〃	清水財産区	山林、原野、墓地	管理会	新
〃	桐沢財産区	不明	管理会	新
〃	横内財産区	山林、原野、墓地	管理会	新
〃	六枚橋財産区	原野、宅地、墓地	総会	
〃	岡町財産区	原野	総会	
〃	高田財産区	山林、原野、墓地	総会	
〃	石江財産区	山林、原野	総会	
〃	七ヶ大字財産区	原野	総会	

市町村	財産区名	主な財産	機関形式	新・旧
〃	野沢財産区	山林	総会	
〃	荒川財産区	墓地	総会	
〃	上野財産区	山林	なし	
〃	岩渡財産区	山林、原野	総会	
〃	小館財産区	山林、原野	なし	
〃	二ヶ財産区	山林、原野	総会	
〃	二ヶ（築木館・諏訪沢）財産区	山林	総会	
〃	滝沢財産区	山林、原野	総会	
〃	飛島財産区	山林、原野	総会	
〃	油川財産区	原野、宅地	総会	
〃	泉野財産区	山林	なし	
〃	後得財産区	原野、墓地	総会	
〃	後萢財産区	原野	総会	
〃	内真部財産区	山林、原野	総会	
〃	浦町字奥野財産区	宅地	総会	
〃	奥内財産区	山林、原野、宅地	総会	
〃	桑原財産区	山林、墓地	総会	
〃	五ヶ財産区	山林	総会	
〃	駒込財産区	山林	総会	
〃	小橋財産区	原野、用水池・沼地	総会	
〃	三ヶ大字財産区	原野	なし	
〃	沢山財産区	墓地	総会	
〃	三内財産区	山林、原野、宅地、墓地	総会	
〃	三本木財産区	山林、原野	総会	
〃	四戸橋財産区	墓地	総会	
〃	十二ヶ大字財産区	山林	総会	
〃	新町野財産区	山林、原野、宅地	総会	
〃	諏訪沢財産区	山林、原野、墓地	総会	
〃	瀬戸子財産区	墓地	総会	
〃	築木館財産区	山林、墓地	総会	
〃	造道財産区	原野	総会	
〃	筒井財産区	原野、墓地	総会	
〃	戸崎財産区	墓地	総会	
〃	戸山財産区	山林、墓地	総会	

市町村	財産区名	主な財産	機関形式	新・旧
〃	七ヶ大字財産区		総会	
〃	二ヶ（牛館）財産区	山林	総会	
〃	二ヶ（高田・小館）財産区	原野	総会	
〃	二ヶ（四ツ石・野尻）財産区	原野	総会	
〃	西田沢財産区	山林、原野	総会	
〃	入内財産区	山林、原野	総会	
〃	野尻財産区	墓地	総会	
〃	浜田財産区	墓地	総会	
〃	左堰財産区	山林、原野、宅地、墓地	総会	
〃	宮田財産区	山林、原野	総会	
〃	矢田財産区	原野、用水池・沼地	総会	
〃	八幡林財産区	宅地	総会	
〃	四ツ石財産区	原野	総会	
〃	四ヶ大字財産区	原野	総会	
〃	古館財産区	墓地	総会	
〃	細越財産区	山林、原野	総会	
〃	馬野尻財産区	山林	総会	
〃	大合財産区	山林、原野、墓地	総会	
〃	大野財産区	墓地	総会	
〃	大矢沢財産区	山林、宅地	総会	
〃	小柳財産区	墓地	総会	
〃	二ヶ（合子沢）財産区	原野	総会	
〃	田茂木野財産区	墓地	総会	
〃	矢田前財産区	原野	総会	
弘前市	北横町財産区	宅地	なし	旧
〃	河原町財産区	原野	なし	旧
〃	茂森新町財産区	宅地	なし	旧
〃	清水富田財産区	溜池、外堤	なし	旧
〃	下湯口財産区	山林、原野、畑	なし	旧
〃	悪戸財産区	原野、畑	なし	旧
〃	板元財産区	原野	なし	旧
〃	津賀野財産区	墓地	なし	旧
〃	大久保財産区	墓地	なし	旧

市町村	財産区名	主な財産	機関形式	新・旧
〃	向外瀬財産区	墓地	なし	旧
〃	福村財産区	山林	なし	旧
〃	小比内財産区	原野	なし	旧
〃	境関財産区	墓地	なし	旧
〃	堀越財産区	原野、墓地		旧
〃	門外財産区	墓地、畑		旧
〃	一野渡財産区	原野、墓地、公衆用道路		旧
〃	大和沢財産区	原野、宅地、公衆用道路		旧
〃	狼森財産区	宅地、雑種地		旧
〃	原ヶ平財産区	原野		旧
〃	小栗山財産区	墓地		旧
〃	清水森財産区	原野、公衆用道路		旧
〃	松木平財産区	溜池		旧
〃	石渡財産区	墓地		旧
〃	三世寺財産区	山林、畑		旧
〃	中野財産区	山林、畑	なし	旧
〃	蒔苗財産区	公衆用道路		旧
〃	折笠財産区	原野、墓地		旧
〃	細越財産区	墓地		旧
〃	中別所財産区	原野、墓地、宅地、雑種地		旧
〃	宮舘財産区	墓地、雑種地		旧
〃	糠坪財産区	原野	なし	旧
〃	高杉財産区	山林、原野、宅地、雑種地、公衆用道路、畑		旧
〃	元薬師堂財産区	山林、田		旧
〃	石川財産区	原野、山林、保安林、雑種地、境内地、公衆用道路、用悪水路		旧
〃	乳井財産区	原野、山林、溜池		旧
〃	大沢財産区	山林、原野、雑種地、境内地、溜池、公衆用道路、用悪水路		旧
〃	薬師堂財産区	山林、原野、溜池、公衆用道路、用悪水路		旧
〃	小金崎財産区	境内地		旧
〃	鬼沢財産区	山林、原野、墓地、宅地、畑		旧
〃	楢木財産区	原野		旧
〃	十面沢財産区	原野、墓地、公衆用道路		旧

市町村	財産区名	主な財産	機関形式	新・旧
〃	十腰内財産区	原野、山林、墓地、宅地、田、公衆用道路		旧
八戸市	島守財産区	山林	議会	新
黒石市	浅瀬石財産区	山林、原野	議会	新
〃	上十川財産区	山林	管理会	
〃	中川財産区	山林	管理会	
五所川原市	野里財産区	山林	議会	旧
〃	神山財産区	山林	議会	旧
〃	松野木財産区	山林	議会	旧
〃	戸沢財産区	山林	議会	旧
〃	原子、羽野木沢、俵元財産区	山林	議会	旧
〃	前田野目財産区	山林	議会	旧
〃	喜良市財産区	山林	議会	新
〃	嘉瀬財産区	山林	管理会	新
〃	相内財産区	山林	管理会	新
〃	脇本財産区	山林	管理会	新
〃	十三財産区	山林	管理会	新
つがる市	館岡財産区	山林、原野、宅地、墓地	管理会	新
〃	丸山財産区	山林、原野	管理会	新
〃	筒木坂財産区	山林、原野	管理会	新
〃	出来島財産区	山林、原野	議会	新
平川市	唐竹財産区	山林	議会	旧
〃	尾崎財産区	山林	議会	旧
〃	新屋財産区	山林	議会	旧
〃	町居財産区	山林	議会	新
〃	広船財産区	山林	なし	旧
〃	小和森財産区	原野	なし	旧
〃	荒田財産区	山林	なし	旧
〃	大坊財産区	山林	なし	旧
〃	石郷財産区	山林	なし	旧
〃	館田財産区	山林	なし	旧
〃	柏木町財産区	山林	なし	旧
〃	大光寺財産区	山林	なし	旧
〃	平田森財産区	山林	なし	旧

市町村	財産区名	主な財産	機関形式	新・旧
〃	新尾崎財産区	山林	なし	新
〃	新館財産区	山林	なし	旧
〃	沖館財産区	山林	なし	旧
〃	葛川財産区	山林	なし	旧
〃	吹上・高畑財産区	山林	なし	旧
〃	原田財産区	山林	なし	旧
〃	碇ヶ関財産区	山林	管理会	旧
〃	岩館財産区	山林	なし	旧
〃	小杉・四ツ屋・石畑財産区	山林	なし	旧
〃	小国財産区	山林	なし	旧
〃	切明財産区	山林	なし	旧
〃	竹館財産区	山林	なし	新
鯵ヶ沢町	舞戸財産区	山林、原野	議会	新
〃	浜横沢財産区	山林、原野	議会	新
〃	中村財産区	山林	議会	新
〃	北浮田財産区	山林、原野、墓地	議会	新
〃	長平財産区	山林、原野	議会	新
深浦町	横磯財産区	原野	なし	旧
〃	広戸財産区	山林	なし	旧
〃	舮作財産区	山林	なし	旧
〃	追良瀬財産区		なし	旧
〃	驫木財産区	山林	なし	旧
〃	風合瀬財産区	原野	なし	旧
〃	晴山財産区	原野	なし	旧
〃	田野沢財産区	原野	なし	旧
〃	北金ヶ沢財産区	山林	なし	旧
〃	関財産区	原野	なし	旧
〃	柳田財産区	原野	なし	旧
〃	岩坂財産区	山林	なし	旧
大鰐町	大鰐財産区	浴場	議会	旧
〃	蔵館財産区	山林、浴場	管理会	新
鶴田町	鶴田町第１財産区	山林	管理会	新
〃	鶴田町第２財産区	山林	管理会	新
野辺地町	馬門財産区	山林、原野、宅地	議会	旧

市町村	財産区名	主な財産	機関形式	新・旧
風間浦村	下風呂財産区	山林、温泉	管理会	
〃	易国間財産区	山林、原野	管理会	
三戸町	蛇沼財産区	山林、原野	議会	
〃	貝守財産区	山林、原野	議会	
田子町	大福山財産区		管理会	新
南部町	上名久井財産区	山林	管理会	新
〃	平財産区	山林	管理会	新
〃	平字下平外十四字財産区	山林	管理会	新
〃	下名久井字田端外十七字財産区	山林	管理会	新
〃	大平財産区	山林	管理会	新
〃	上名久井財産区	山林	議会	新
新郷村	戸来財産区	山林、原野、宅地	議会	新
〃	西越財産区	山林、原野、宅地	議会	新

2）岩手県

市町村	財産区名	主な財産	機関形式	新・旧
盛岡市	東中野財産区	山林	管理会	旧
〃	東中野、東安庭、門財産区	山林、畑	管理会	旧
宮古市	山口財産区	山林	管理会	旧
〃	千徳財産区	山林	管理会	旧
〃	重茂財産区	山林	管理会	新
〃	刈屋財産区	山林	管理会	新
一関市	金沢財産区	山林、原野、雑種地	管理会	新
釜石市	両石財産区	山林	議会	旧
〃	鵜住居財産区	山林	議会	旧
奥州市	米里財産区	山林	管理会	新
雫石町	御明神財産区	山林	管理会	新
岩手町	一方井財産区	山林、原野	管理会	新
〃	御堂財産区	山林、原野	管理会	新
岩泉町	岩泉町大川財産区	山林	管理会	新
九戸村	伊保内財産区	山林、原野、宅地	管理会	新
〃	戸田財産区	山林、原野、宅地	管理会	新
〃	江刺家財産区	山林、宅地	管理会	新

3）宮城県

市町村	財産区名	主な財産	機関形式	新・旧
角田市	東根財産区	山林	管理会	新
蔵王町	蔵王町宮財産区	山林	管理会	新
大和町	吉田財産区	山林	管理会	新
〃	宮床財産区	山林	管理会	新
〃	落合財産区	山林	管理会	新

4）秋田県

市町村	財産区名	主な財産	機関形式	新・旧
能代市	浅内財産区	山林	管理会	
〃	常磐財産区	山林	管理会	新
〃	鶴形財産区	山林	管理会	新
〃	檜山財産区	山林	管理会	新
横手市	金沢中野財産区	山林	議会	新
〃	四町財産区	宅地、雑種地	管理会	旧
〃	西成瀬財産区	山林	議会	新
〃	醍醐財産区	山林	管理会	新
〃	平鹿町里見財産区	山林	管理会	新
〃	雄物川町里見財産区	山林	管理会	新
〃	福地財産区	山林	管理会	新
〃	雄物川町館合財産区	山林	管理会	新
〃	大雄館合財産区	山林	管理会	新
〃	境町財産区	山林	管理会	旧
大館市	二井田財産区	山林、原野	議会	新
〃	上川沿財産区	山林、原野	管理会	新
〃	下川沿財産区	原野	管理会	新
〃	片山財産区	山林、原野	なし	新
〃	餅田財産区	山林、原野	なし	新
〃	川口財産区	原野	なし	新
〃	立花財産区	原野	なし	新
湯沢市	岩崎財産区	山林	管理会	新
〃	三関財産区	山林	管理会	新
〃	宇留院内財産区	山林	管理会	新
〃	院内財産区	山林	管理会	新

市町村	財産区名	主な財産	機関形式	新・旧
〃	秋ノ宮財産区	山林	管理会	新
鹿角市	大湯財産区	温泉	管理会	新
由利本荘市	石脇財産区	山林、原野、宅地	議会	新
〃	子吉財産区	山林、原野	議会	新
〃	石沢財産区	山林	議会	新
〃	小友財産区	山林	管理会	新
〃	松ヶ崎財産区	山林	総会	新
〃	北内越財産区	山林	なし	新
〃	大内北内越財産区	山林	なし	新
潟上市	豊川財産区	山林	管理会	新
大仙市	花館財産区	原野	議会	新
〃	内小友財産区	山林	管理会	新
〃	大川西根財産区	山林	管理会	新
〃	大沢郷財産区	山林	管理会	新
〃	荒川財産区	山林	管理会	新
〃	峰吉川財産区	山林	管理会	新
〃	船岡財産区	山林	管理会	新
〃	淀川財産区	山林	管理会	新
北秋田市	坊沢財産区	山林	管理会	新
〃	七座財産区	山林	なし	新
〃	綴子財産区	山林	管理会	新
〃	栄財産区	山林	管理会	新
〃	沢口財産区	山林	なし	新
〃	七日市財産区	山林	管理会	新
〃	米内沢財産区	山林、原野	管理会	新
〃	前田財産区	山林、原野	管理会	新
〃	阿仁合財産区	山林、原野	管理会	新
〃	大阿仁財産区	山林	管理会	新
にかほ市	平沢財産区	山林、原野、宅地、田、畑、雑種地	議会	新
仙北市	田沢湖町生保内財産区	山林、原野、宅地	管理会	新
〃	田沢湖町田沢財産区	山林、原野、宅地	管理会	新
〃	雲沢財産区	山林	管理会	新
小坂町	小坂財産区		議会	旧
三種町	下岩川財産区	山林	議会	新

市町村	財産区名	主な財産	機関形式	新・旧
八峰町	沢目財産区	山林、原野、宅地	管理会	新
〃	塙川財産区	山林	管理会	新

5）山形県

市町村	財産区名	主な財産	機関形式	新・旧
山形市	小白川財産区	山林、保安林	管理会	
〃	関沢財産区	山林、保安林	管理会	
〃	山寺下組財産区	山林	管理会	
〃	宮町財産区	墓地、田	なし	
〃	上町財産区	宅地	なし	
〃	七日町財産区	宅地	なし	
〃	小荷駄町財産区	宅地	なし	
〃	四日町財産区	宅地	なし	
〃	小橋町財産区	雑種地	なし	
〃	長町財産区	宅地	なし	
〃	上椹沢財産区	雑種地	なし	
〃	下椹沢財産区	宅地、田	なし	
〃	漆山財産区	宅地	なし	
〃	七浦財産区	宅地	なし	
〃	千手堂財産区	道、宅地	なし	
〃	江俣財産区	道、宅地	なし	
〃	内表財産区	墓地	なし	
〃	吉野宿財産区	宅地	なし	
〃	鮨洗財産区	畑	なし	
〃	風間財産区	原野	なし	
〃	十文字財産区	畑、原野	なし	
〃	青柳財産区	宅地、墓地	なし	
〃	下青柳財産区	宅地	なし	
〃	青野財産区	宅地	なし	
〃	神尾財産区	宅地	なし	
〃	上桜田財産区	山林	なし	
〃	釈迦堂妙見寺財産区	雑種地	なし	
〃	切畑財産区	原野、宅地	なし	
〃	大森財産区	墓地	なし	

市町村	財産区名	主な財産	機関形式	新・旧
〃	成安財産区	畑	なし	
〃	船町財産区	畑、雑種地	なし	
〃	見崎財産区	田、宅地	なし	
〃	今塚財産区	雑種地	なし	
〃	吉原財産区	田、畑	なし	
〃	沼木財産区	田、畑	なし	
〃	南館財産区	田、畑	なし	
〃	渋江財産区	墓地	なし	
〃	灰塚財産区	宅地、雑種地	なし	
〃	津金沢財産区	雑種地、山林	なし	
〃	片谷地財産区	雑種地、宅地	なし	
〃	黒沢財産区	雑種地	なし	
〃	松原財産区	原野、畑	なし	
〃	下反田財産区	雑種地	なし	
〃	芦沢財産区		なし	
〃	山寺川原町財産区	雑種地、宅地	なし	
〃	山寺馬形財産区		なし	
〃	地蔵堂宮崎財産区	宅地、山林	なし	
〃	蔵王桜田財産区	雑種地	なし	
〃	蔵王上野半郷財産区	山林、墓地	なし	
〃	柏倉財産区	雑種地、宅地	なし	
〃	前明石財産区	雑種地、田	なし	
鶴岡市	加茂財産区	山林	管理会	新
寒河江市	幸生財産区	山林	議会	新
〃	高松財産区	山林	管理会	新
〃	醍醐財産区	山林	管理会	新
〃	三泉財産区		管理会	新
上山市	本庄官行造林財産区	山林	管理会	新
〃	東官行造林財産区	山林	管理会	新
〃	中山県行造林財産区	山林	管理会	新
村山市	大久保財産区	山林	管理会	新
〃	富本財産区	山林	管理会	新
〃	袖崎財産区	山林	管理会	新
〃	大高根財産区	山林	管理会	新

市町村	財産区名	主な財産	機関形式	新・旧
長井市	猪苗代地区財産区	山林	管理会	新
〃	翁島地区財産区	山林	管理会	新
〃	千里地区財産区	山林	管理会	新
〃	月輪地区財産区	山林	管理会	新
〃	長瀬地区財産区	山林	管理会	新
天童市	津山財産区	山林	議会	新
〃	山口財産区	山林	議会	新
〃	田麦野財産区	山林	議会	新
〃	高擶地区財産区	山林、原野、宅地、用水池・沼地	管理会	新
〃	高擶有財産区	宅地、用水池・沼地、墓地	管理会	新
〃	干布地区財産区	山林、宅地	管理会	新
〃	荒谷有財産区	山林、原野	管理会	新
東根市	東根財産区	山林	管理会	新
尾花沢市	尾花沢市第１財産区	山林、原野	管理会	新
〃	尾花沢市第２財産区	山林	管理会	新
〃	尾花沢市第３財産区	山林	管理会	新
〃	尾花沢市第４財産区	山林	管理会	新
〃	尾花沢市第５財産区	山林、原野	管理会	新
南陽市	赤湯財産区	温泉	管理会	新
〃	宮内財産区	山林	管理会	新
〃	金山財産区	山林	管理会	新
〃	池黒財産区	山林	管理会	新
〃	太郎財産区	山林	管理会	新
〃	沖郷財産区	山林	管理会	新
〃	漆山財産区	山林	管理会	新
〃	大洞山財産区	山林	管理会	新
山辺町	大蕨財産区	山林	議会	旧
河北町	西里財産区	山林	管理会	新
〃	元泉財産区	山林	管理会	新
高畠町	高畠財産区	山林	管理会	新
〃	二井宿財産区	山林	管理会	新
〃	屋代財産区	山林	管理会	新
〃	和田財産区	山林	管理会	新
飯豊町	豊川財産区	山林	管理会	新

市町村	財産区名	主な財産	機関形式	新・旧
〃	中津川財産区	山林、原野、温泉	管理会	新
〃	豊原財産区	山林	管理会	新
〃	萩生財産区	山林	管理会	新
〃	渋川財産区	山林、原野、用水池・沼地、墓地	管理会	新
遊佐町	吹浦財産区	山林	議会	新

6）福島県

市町村	財産区名	主な財産	機関形式	新・旧
福島市	土湯温泉町財産区	山林、原野、宅地	管理会	新
〃	飯坂町財産区	山林、原野、宅地	管理会	新
郡山市	多田野財産区	山林、原野、畑	管理会	新
〃	河内財産区	山林、原野、宅地、用水池・沼地、田、畑	管理会	新
〃	片平財産区	原野	管理会	新
〃	月形財産区	山林	管理会	新
〃	舟津財産区	山林、原野、宅地、田、畑、雑種地	管理会	旧
〃	舘財産区	山林、原野、宅地、雑種地	管理会	旧
〃	浜路財産区	山林、畑	管理会	旧
〃	横沢財産区	山林、原野、宅地、田、畑	管理会	旧
〃	中野財産区	山林、原野、宅地、用水池、沼地、雑種地、畑	管理会	新
〃	後田財産区	山林、公衆用道路	管理会	新
〃	赤津財産区	山林、原野、宅地、田、畑、雑種地	議会	新
〃	福良財産区	山林、宅地、畑	議会	新
〃	三代財産区	山林、原野、宅地、畑	議会	新
いわき市	川部財産区	山林	管理会	新
〃	山田財産区	山林	管理会	新
〃	常磐湯本財産区	温泉	議会	旧
〃	磐崎財産区	山林	管理会	新
〃	澤渡財産区	山林	管理会	新
〃	田人財産区	山林	管理会	新
〃	川前財産区	山林	管理会	新
白河市	小田川財産区	山林	管理会	新
〃	大屋財産区	山林	管理会	新

市町村	財産区名	主な財産	機関形式	新・旧
〃	樋ヶ沢財産区	原野、山林、溜池	管理会	新
須賀川市	中宿財産区	原野、宅地、用水池・沼地、墓地、雑種地、畑	管理会	旧
〃	小塩江財産区	山林、原野、畑、雑種地、公衆用道路	管理会	新
〃	西袋財産区	山林、原野、宅地、用水池・沼地、畑、公衆用道路	管理会	新
〃	長沼財産区	山林、原野、雑種地、公衆用道路	管理会	新
喜多方市	岩月財産区	山林	管理会	新
〃	慶徳財産区	山林	管理会	新
〃	駒形財産区	山林、原野、畑	管理会	新
〃	一ノ木財産区	山林、原野	管理会	新
〃	早稲谷財産区	山林、原野、保安林	管理会	新
二本松市	茂原財産区	山林	管理会	新
〃	田沢財産区	山林	管理会	新
〃	石平財産区	山林	管理会	新
〃	針道財産区	山林	管理会	新
〃	東和町小手森財産区	山林	議会	旧
南相馬市	太田財産区	山林	管理会	新
伊達市	梁川財産区	山林	管理会	新
〃	堰本財産区	山林	管理会	新
〃	白根財産区	山林	管理会	新
〃	山舟生財産区	山林	管理会	新
〃	富野財産区	山林	管理会	新
〃	五十沢財産区	山林	管理会	新
〃	富成財産区	山林	管理会	新
〃	桂沢財産区	山林	管理会	新
〃	上保原財産区	山林	管理会	新
〃	金原田財産区	山林	管理会	新
〃	掛田財産区	山林	管理会	新
〃	小国財産区	山林	管理会	新
〃	掛田財産区	山林	議会	新
〃	大石財産区	山林	議会	新
桑折町	半田財産区	山林	議会	新
川俣町	小島財産区	山林、原野	管理会	新

市町村	財産区名	主な財産	機関形式	新・旧
〃	飯坂財産区	山林、原野	管理会	新
〃	大綱木財産区	山林、原野	管理会	新
〃	小綱木財産区	山林、原野	管理会	新
〃	山木屋財産区	山林	管理会	新
飯野町 *	青木財産区	山林	管理会	新
大玉村	玉井財産区	山林	管理会	新
天栄村	牧本財産区	山林	管理会	新
〃	大里財産区	山林、原野	管理会	新
〃	湯本財産区	山林、原野	管理会	新
只見町	朝日財産区	山林	管理会	新
南会津町	田島町荒海財産区	山林	議会	新
西会津町	本町財産区	山林	議会	旧
〃	原田財産区	山林	議会	旧
猪苗代町	猪苗代地区財産区	山林	管理会	新
〃	翁島地区財産区	山林	管理会	新
〃	千里地区財産区	山林	管理会	新
〃	月輪地区財産区	山林	管理会	新
〃	長瀬地区財産区	山林	管理会	新
〃	吾妻地区財産区	山林	管理会	新
金山町	本名財産区	山林	議会	新
会津美里町	東尾岐総持財産区	山林	議会	新
〃	永井野財産区	山林	管理会	新
塙町	笹原財産区	山林	管理会	新
石川町	母畑財産区	山林	管理会	新
〃	中谷財産区	山林	管理会	新
浅川町	山白石財産区	山林	管理会	新
浪江町	苅野財産区	山林	管理会	新
〃	津島財産区	山林	管理会	新

*：飯野町は、2008 年 7 月 1 日に福島市に編入されている。

7）茨城県

市町村	財産区名	主な財産	機関形式	新・旧
龍ケ崎市	馴馬財産区	基金、土地	議会	新
笠間市	大池田財産区	山林	議会	新

市町村	財産区名	主な財産	機関形式	新・旧
つくば市	作岡財産区	山林、雑種地	管理会	新
稲敷市	浮島財産区	原野	管理会	新
〃	古渡財産区	山林	管理会	新
大子町	依上財産区	山林	議会	新

8）栃木県

市町村	財産区名	主な財産	機関形式	新・旧
足利市	名草財産区	山林	議会	新
〃	松田財産区	山林	議会	旧
〃	葉鹿財産区	山林、宅地	議会	新
〃	小俣財産区	山林、原野	議会	新
栃木市	皆川財産区	山林	議会	新
〃	寺尾財産区	山林	議会	新
鹿沼市	西大芦財産区	山林	議会	新
〃	粕尾財産区	山林	管理会	新
〃	清洲財産区	山林	管理会	新
〃	永野財産区	山林	管理会	新
〃	加蘇財産区	山林	議会	新
〃	粟野財産区	山林	議会	新
日光市	小来川財産区	山林	議会	新
〃	湯西川財産区	山林、原野、宅地	議会	旧
〃	西川財産区	山林	議会	旧
大田原市	須賀川財産区	山林	なし	新
那須塩原市	高林財産区	山林	議会	新
那須烏山市	境財産区	山林	議会	新
岩舟町	小野寺財産区	山林	議会	新

9）群馬県

市町村	財産区名	主な財産	機関形式	新・旧
藤岡市	三波川財産区	山林	管理会	新

10）千葉県

市町村	財産区名	主な財産	機関形式	新・旧
鴨川市	八色財産区	原野	議会	

市町村	財産区名	主な財産	機関形式	新・旧
〃	粟斗財産区	山林	議会	
〃	天津、浜荻、清澄財産区	山林、原野	議会	
〃	打墨財産区	山林	議会	
〃	花房財産区	原野	議会	
〃	滑谷財産区	山林	議会	
南房総市	滝田財産区	山林	管理会	旧
〃	北三原財産区	山林	管理会	新
〃	南三原財産区	山林	管理会	新

11）東京都

市町村	財産区名	主な財産	機関形式	新・旧
あきる野市	戸倉財産区	山林	管理会	新
瑞穂町	殿ヶ谷財産区		管理会	旧
〃	石畑財産区	山林、宅地、墓地	管理会	旧
〃	箱根ヶ崎財産区	原野、宅地	管理会	旧
〃	長岡財産区	山林	管理会	旧
大島町	泉津財産区	山林	管理会	新
〃	野増財産区	山林	管理会	新
〃	差木地財産区	山林	管理会	新

12）神奈川県

市町村	財産区名	主な財産	機関形式	新・旧
小田原市	足柄財産区	山林	議会	旧
〃	大窪財産区	山林	議会	旧
〃	早川財産区	山林	議会	旧
〃	下府中財産区	山林	議会	旧
〃	桜井財産区	山林	議会	旧
〃	豊川財産区	山林	議会	新
〃	上府中財産区	山林	議会	新
〃	酒匂財産区	山林	議会	新
〃	片浦財産区	山林	議会	新
〃	曽我財産区	山林	議会	新
相模原市	川尻財産区	山林	議会	新
〃	中沢財産区	山林	議会	新

市町村	財産区名	主な財産	機関形式	新・旧
〃	三井財産区	山林	管理会	新
〃	中野財産区	山林	管理会	新
〃	串川財産区	山林	管理会	新
〃	鳥屋財産区	山林	管理会	新
〃	青野原財産区	山林	管理会	新
〃	青根財産区	山林	管理会	新
〃	吉野財産区	山林	管理会	新
〃	小渕財産区	山林	管理会	新
〃	澤井財産区	山林	管理会	新
〃	牧野財産区	山林	管理会	新
〃	日連財産区	山林	管理会	新
〃	名倉財産区	山林	管理会	新
〃	佐野川財産区	山林	管理会	新
秦野市	東財産区	山林	議会	新
〃	北財産区	山林	議会	新
〃	西財産区	山林	議会	新
大井町	金田財産区	山林、原野、保安林、田	管理会	新
〃	西大井財産区	原野、保安林	管理会	新
山北町	山北財産区	山林、原野	管理会	新
〃	共和財産区	山林、原野	管理会	新
〃	三保財産区	山林、原野	議会	新
箱根町	温泉財産区	原野	管理会	新
〃	宮城野財産区	山林、原野	管理会	新
〃	仙石原財産区	山林	管理会	新
〃	蛸川財産区	山林	管理会	新

13）新潟県

市町村	財産区名	主な財産	機関形式	新・旧
長岡市	十日町財産区	山林、原野、宅地、墓地	議会	旧
〃	村松町財産区	山林、原野、墓地	議会	旧
新発田市	本田財産区	山林	議会	新
〃	藤塚浜財産区	保安林	管理会	新
見附市	椿澤財産区	山林	議会	
妙高市	杉野沢財産区	山林、宅地	管理会	新

市町村	財産区名	主な財産	機関形式	新・旧
五泉市	東財産区	山林	管理会	新
阿賀野市	保田財産区	山林	議会	旧
〃	大室財産区	山林	議会	旧
佐渡市	新畑野財産区	山林、原野、宅地、用水池･沼地、雑種地	管理会	新
〃	松ヶ崎財産区	山林、雑種地	管理会	新
〃	五十里財産区	山林	管理会	旧
〃	二宮財産区	山林	管理会	新
〃	真野財産区	山林、雑種地	なし	新
〃	畑野財産区	山林、原野、宅地、用水池･沼地、墓地	議会	旧
〃	寺田財産区	山林、宅地、用水池･沼地、墓地、雑種地	議会	旧
〃	河内財産区	山林、原野、宅地、墓地、畑、雑種地	総会	旧
〃	畉田財産区	墓地	総会	旧
〃	猿八財産区	山林、原野、宅地、墓地	総会	旧
〃	坊ヶ浦財産区	山林、宅地、用水池・沼地、墓地	総会	旧
〃	栗野江財産区	山林、原野、宅地、用水池･沼地、墓地、畑、雑種地	議会	旧
〃	目黒町財産区	山林、原野、宅地、用水池･沼地、墓地	議会	旧
〃	長谷財産区	山林	総会	旧
〃	大久保財産区	山林、原野、用水池・沼地、墓地	なし	旧
〃	小倉財産区	原野	なし	旧
〃	三宮財産区	山林、宅地、用水池・沼地、雑種地	なし	旧
南魚沼市	四十日財産区	山林、原野、宅地、墓地	管理会	新
〃	北田中財産区	山林、原野、宅地、墓地	管理会	新
〃	野田財産区		管理会	新
〃	奥財産区	山林、原野、宅地、墓地	管理会	新
〃	五日町財産区	原野、宅地、墓地	管理会	新
〃	寺尾財産区	山林、原野、宅地、墓地	管理会	新
〃	大杉新田財産区	山林、原野、宅地、墓地	管理会	新
〃	川窪財産区	原野、宅地、墓地	管理会	新
〃	四十日・北田中・宇津野新田・青木新田・大杉新田財産区	山林、原野、宅地、墓地	管理会	新

市町村	財産区名	主な財産	機関形式	新・旧
〃	欠ノ上財産区	山林、原野、宅地、墓地	管理会	新
〃	四十日・北田中財産区	山林、原野、宅地、墓地	管理会	新
〃	泉新田財産区	原野、宅地、墓地	管理会	新
〃	坂戸・六日町財産区	山林、原野、宅地、墓地	管理会	新
〃	大月財産区	山林、原野、墓地、宅地	管理会	新
〃	塩沢財産区	宅地、墓地	管理会	新
胎内市	村松浜財産区	山林	管理会	新
川口町 *	田麦山財産区	山林	管理会	新
朝日村 **	三面財産区	山林	議会	新

* ：川口町は、2010 年 3 月 31 日に長岡市に編入されている。
**：朝日村は、2008 年年 4 月 1 日に旧・村上市、荒川町、山北町、神林村と合併し、村上市となっている。

14）富山県

市町村	財産区名	主な財産	機関形式	新・旧
氷見市	南中財産区	宅地	議会	新
〃	南下財産区	宅地	議会	新
滑川市	高月財産区	雑種地	議会	新
〃	東加積財産区	山林	議会	新
黒部市	下立財産区	山林	議会	新
〃	東布施財産区	山林	管理会	新
〃	内山財産区	山林	管理会	新
〃	音沢財産区	山林	管理会	新
〃	浦山財産区	山林	管理会	新
〃	栃屋財産区	山林	管理会	新
〃	愛本財産区	山林	管理会	新
朝日町	南保財産区	山林	議会	新

15）石川県

市町村	財産区名	主な財産	機関形式	新・旧
七尾市	西岸財産区	山林	管理会	新
加賀市	山代温泉財産区	山林、宅地、用水池・沼地、鉱泉及び共同浴場	管理会	新
〃	片山津財産区	宅地、用水池・沼地、共同浴場	管理会	新
〃	山中温泉財産区	原野、宅地、用水池・沼地、鉱泉地及び温泉権	管理会	新

市町村	財産区名	主な財産	機関形式	新・旧
羽咋市	千里浜財産区	山林、原野、宅地、用水池・沼地、墓地、保安林、畑、雑種地	管理会	新
かほく市	大海財産区	山林	管理会	新
白山市	湊財産区	山林、宅地、墓地、保安林	管理会	新
津幡町	河合谷財産区	山林	管理会	新

16）福井県

市町村	財産区名	主な財産	機関形式	新・旧
小浜市	加斗財産区	山林	管理会	新
あわら市	芦原温泉上水道財産区	水道事業	管理会	旧

17）山梨県

市町村	財産区名	主な財産	機関形式	新・旧
甲府市	平林山恩賜林保護財産区	山林	管理会	新
〃	第二奥仙丈山恩賜林保護財産区	山林	管理会	新
〃	第三奥仙丈山恩賜林保護財産区	山林	管理会	新
〃	第四奥仙丈山恩賜林保護財産区	山林	管理会	新
〃	第五奥仙丈恩賜林保護財産区	山林	管理会	新
〃	大渡外六山恩賜林保護財産区	山林	管理会	新
〃	荒川端外四山恩賜林保護財産区	山林	管理会	新
〃	片山外一山恩賜林保護財産区	山林	管理会	新
〃	滝戸山恩賜林保護財産区	山林	管理会	新
〃	日蔭山恩賜林保護財産区	山林	管理会	新
〃	格山恩賜林保護財産区	山林	管理会	新
〃	尾股山外七字恩賜林保護財産区	山林	管理会	新
富士吉田市	大明見財産区	山林	議会	旧
〃	古屋財産区	山林	議会	旧
〃	新田財産区	山林	議会	旧
都留市	鹿留財産区	山林	議会	新
〃	盛里財産区	山林	管理会	新

市町村	財産区名	主な財産	機関形式	新・旧
〃	濁り沢外 18 恩賜林保護財産区	山林	管理会	新
〃	板ヶ沢外 7 恩賜林保護財産区	山林	管理会	新
〃	水頭外 3 恩賜林保護財産区	山林	管理会	新
〃	桑代沢外 17 恩賜林保護財産区	山林	管理会	新
大月市	笹子財産区	山林	議会	新
〃	初狩財産区	山林	議会	新
〃	真木財産区	山林	議会	新
〃	上花咲財産区	山林	議会	新
〃	下花咲財産区	山林	議会	新
〃	大月財産区	山林	議会	新
〃	駒橋財産区	山林	議会	新
〃	奈良子財産区	山林	議会	新
〃	浅川財産区	山林	議会	新
〃	葛野財産区	山林	議会	新
〃	下和田財産区	山林	議会	新
〃	猿橋財産区	山林	議会	新
〃	富浜財産区	山林	議会	新
〃	梁川財産区	山林	議会	新
韮崎市	第一鈴嵐恩賜林保護財産区	山林	管理会	旧
〃	第二鈴嵐恩賜林保護財産区	山林	管理会	旧
〃	第二御座石前山恩賜林保護財産区	山林	管理会	旧
〃	旭山恩賜林保護財産区	山林	管理会	旧
〃	八森恩賜林保護財産区	山林	管理会	旧
〃	戸沢日影半腹裾恩賜林保護財産区	山林	管理会	旧
〃	青木御座石財産区	山林	管理会	新
〃	甘利山財産区	山林	議会	旧
南アルプス市	芦安思腸県有財産保護財産区	山林	管理会	
〃	城山外一字思腸県有財産保護財産区	山林	管理会	

市町村	財産区名	主な財産	機関形式	新・旧
〃	雨鳴山思腸県有財産保護財産区	山林	管理会	
〃	中尾山外一字思腸県有財産保護財産区	山林	管理会	
〃	高尾山外一思腸県有財産保護財産区	山林	管理会	
北杜市	小笠原財産区	山林	管理会	新
〃	朝神財産区	山林	管理会	新
〃	金ヶ岳山外二字恩賜林保護財産区	山林	管理会	新
〃	大平外壱字恩賜林保護財産区	山林	管理会	新
〃	浅尾原財産区	山林、原野、畑	管理会	新
〃	松尾山恩賜県有財産保護財産区	山林	管理会	新
〃	日向矢窪山恩賜県有財産保護財産区	山林	管理会	新
〃	肥道山恩賜県有財産保護財産区	山林	管理会	新
〃	穂足財産区	山林	管理会	新
〃	多麻財産区	山林	管理会	新
〃	江草財産区	山林	管理会	新
〃	前山恩賜県有財産保護財産区	山林	管理会	新
〃	奥山恩賜県有財産保護財産区	山林	管理会	新
〃	増富財産区	山林	議会	新
〃	安都玉財産区	山林	管理会	新
〃	安都那財産区	山林、原野	管理会	新
〃	熱見財産区	山林	管理会	新
〃	甲財産区	山林	管理会	新
〃	清里財産区	山林	管理会	新
〃	念場ヶ原恩賜林保護財産区	山林	管理会	新
〃	上手原山恩賜林保護財産区	山林	管理会	新
〃	石堂山恩賜県有財産保護財産区	山林	管理会	新
〃	三ツ墓山恩賜林保護財産区		管理会	新

市町村	財産区名	主な財産	機関形式	新・旧
〃	古杣川西外七字恩賜林保護財産区	山林、宅地	管理会	新
〃	日野原山恩賜県有財産保護財産区	山林、宅地	管理会	新
〃	秋田財産区	山林、宅地	議会	
〃	大泉恩賜県有財産保護財産区	山林	管理会	新
〃	内山の内 12 山恩賜県有財産保護財産区	山林	管理会	新
〃	棒道下恩賜林保護財産区	山林	管理会	新
〃	大平山恩賜県有財産保護財産区	山林	管理会	新
〃	篠原山恩賜県有財産保護財産区	山林	管理会	新
〃	小淵沢財産区	山林、原野	議会	
〃	駒ヶ岳の内黒戸山恩賜県有財産保護財産区	山林	管理会	新
〃	三宝恩賜林保護財産区	山林	管理会	新
〃	前山恩賜林保護財産区	山林	管理会	新
〃	日向山外一字恩賜林保護財産区	山林	管理会	新
〃	大日向山外十三字恩賜林保護財産区	山林	管理会	新
〃	武川恩賜県有財産保護財産区	山林	管理会	新
〃	大平山恩賜林保護財産区	山林	管理会	新
〃	鳳凰山外３字恩賜県有財産保護財産区	山林	管理会	新
〃	荻坂外１字山恩賜県有財産保護財産区	山林	管理会	新
〃	淵ケ沢山恩賜県有財産保護財産区	山林	管理会	新
〃	眞原小山平恩賜林保護財産区	山林	管理会	新
甲斐市	平見城恩賜林保護財産区	山林	管理会	新
〃	芦の沢十五恩賜林保護財産区	山林	管理会	新
〃	雨沢山恩賜林保護財産区	山林	管理会	新
笛吹市	黒駒山恩賜県有財産保護財産区	山林	管理会	新

市町村	財産区名	主な財産	機関形式	新・旧
〃	大積寺山恩賜県有財産保護財産区	山林	管理会	新
〃	稲山恩賜県有財産保護財産区	山林	管理会	新
〃	牛ケ額恩賜県有財産保護財産区	山林	管理会	新
〃	大口山恩賜県有財産保護財産区	山林	管理会	新
〃	崩山恩賜県有財産保護財産区	山林	管理会	新
〃	名所山恩賜県有財産保護財産区	山林	管理会	新
〃	春日山恩賜県有財産保護財産区	山林	管理会	新
〃	兜山外五山恩賜県有財産保護財産区	山林	管理会	新
上野原市	大目財産区	山林	管理会	新
〃	甲東財産区	山林	管理会	新
〃	巌財産区	山林	管理会	新
〃	島田財産区	山林	管理会	新
〃	上野原財産区	山林	管理会	新
〃	秋山財産区	原野	管理会	新
〃	檜尾根外十二恩賜林保護財産区	山林	管理会	新
〃	西棚ノ入外十一恩賜林保護財産区	山林	管理会	新
甲州市	大藤財産区	山林	管理会	
〃	竹森入財産区	山林	管理会	
〃	萩原山財産区	山林	管理会	
〃	神金財産区	山林	管理会	
市川三郷町	市川大門財産区	山林	管理会	新
〃	高田財産区	山林	管理会	新
〃	大同財産区	山林	管理会	新
鰍沢町 *	鰍沢町有林財産区	山林	議会	新
〃	鹿島財産区	山林	議会	新
〃	カラマツオ外三十山恩賜林保護財産区	山林	管理会	新
〃	羽鹿島財産区	山林	管理会	新
早川町	本建財産区	山林	管理会	新

市町村	財産区名	主な財産	機関形式	新・旧
〃	五箇財産区	山林	管理会	新
〃	硯島財産区	山林	議会	新
〃	都川財産区	山林	管理会	新
〃	三里財産区	山林、原野	管理会	新
身延町	大八坂及び川尻及び山之神十五山恩賜林保護財産区	山林	管理会	
〃	第一日影みそね沢恩賜林保護財産区	山林	管理会	
〃	広野村上外九山恩賜林保護財産区	山林	管理会	
〃	第二日影みそね沢及び石原外二山恩賜林保護財産区	山林	管理会	
〃	大久保外七山恩賜林保護財産区	山林	管理会	
〃	仙王外五山恩賜林保護財産区	山林	管理会	
〃	姥草里外七山恩賜林保護財産区	山林	管理会	
〃	入ヶ岳外二山恩賜林保護財産区	山林	管理会	
〃	西嶋財産区	山林、原野	管理会	
〃	曙財産区	山林、原野	管理会	
〃	下山地区財産区	山林、原野	管理会	
〃	大河内地区財産区	山林、原野	管理会	
南部町	富沢財産区	山林、原野	管理会	新
〃	内船財産区	宅地、原野、山林	議会	新
〃	睦合財産区	原野、山林	管理会	新
〃	栄財産区	山林、原野	議会	新
〃	大城平外二山恩賜林保護財産区	山林、原野	管理会	新
〃	大日向外三山恩賜林保護財産区		管理会	新
富士河口湖町	勝山財産区	山林、宅地、保安林、雑種地	管理会	新
〃	大室山外三十字恩賜県有財産保護財産区	山林	管理会	
〃	精進財産区	山林	管理会	
〃	本栖財産区	山林	管理会	

市町村	財産区名	主な財産	機関形式	新・旧
〃	富士ケ嶺財産区	山林、原野	管理会	
〃	長浜財産区	山林、原野、宅地、墓地、雑種地	管理会	新
〃	西湖財産区	山林、宅地、墓地	管理会	新
〃	大嵐財産区	山林、原野、宅地、雑種地	管理会	新
〃	小立財産区	山林、原野、宅地、墓地、雑種地	管理会	新
〃	大石財産区	山林、宅地、墓地	管理会	新
〃	河口財産区	山林、宅地、墓地、畑	なし	新
〃	船津財産区		管理会	
〃	西深沢外十三恩賜県有財産保護財産区	山林	管理会	
〃	青木ヶ原外七字及び小合山外七字恩賜県有財産保護財産区	山林	管理会	

*：鰍沢町は、2010 年 3 月 8 日に増穂町と合併し、富士川町になっている。

18）長野県

市町村	財産区名	主な財産	機関形式	新・旧
長野市	大豆島財産区	山林	議会	新
〃	風間財産区	山林	議会	新
〃	東条財産区	原野	議会	旧
〃	西条財産区	山林、原野	議会	新
〃	保科財産区	山林	議会	新
〃	西寺尾本郷財産区	原野	管理会	新
〃	豊栄財産区	山林	管理会	新
〃	今井財産区	山林	管理会	新
〃	松代財産区	山林	管理会	新
〃	大岡中牧財産区	山林	議会	新
松本市	岡田財産区	山林	議会	新
〃	寿財産区	山林	議会	新
〃	今井財産区	山林	議会	新
〃	入山辺里山辺財産区	山林	議会	新
〃	本郷財産区	山林	議会	新
上田市	別所温泉財産区	温泉	議会	新
〃	上室賀財産区	山林	議会	旧
〃	下室賀財産区	山林	議会	新

市町村	財産区名	主な財産	機関形式	新・旧
〃	浦里財産区	山林	議会	新
〃	東内財産区	山林	議会	新
〃	平井財産区	山林	議会	新
〃	西内財産区	山林	議会	旧
〃	長財産区	基金共有財産組合の収益配分権	議会	新
〃	本原財産区	共有財産組合の収益配分権	なし	新
〃	武石財産区	山林	議会	新
岡谷市	湊財産区	山林	管理会	新
飯田市	座光寺地区財産区	山林	議会	新
〃	下久堅地区財産区	山林	議会	新
〃	柏原地区財産区	山林	議会	新
〃	竜丘地区財産区	山林	議会	新
〃	三穂地区財産区	山林	議会	新
〃	山本地区財産区	山林	議会	新
〃	北方外三区財産区	山林	議会	新
〃	松川入財産区	山林	議会	新
〃	上上郷野底山財産区	山林	議会	新
〃	羽場財産区	宅地	管理会	新
〃	中央財産区		管理会	新
〃	南部財産区		管理会	新
〃	東野財産区	山林	管理会	新
〃	野底財産区	山林	管理会	新
〃	大十区財産区	山林	総会	
〃	大七区財産区	山林	総会	
〃	大六区財産区	山林	総会	
〃	大瀬木財産区	山林	総会	
〃	久四区財産区	山林	総会	
〃	二区財産区	山林	総会	
〃	中村財産区	山林	総会	
〃	新四区財産区	山林、井水	総会	
〃	北十区財産区	山林	総会	
〃	北三区財産区	山林	総会	
〃	三日市場財産区	山林	総会	
〃	桐林財産区	山林	管理会	

市町村	財産区名	主な財産	機関形式	新・旧
〃	長野原財産区	山林	管理会	
〃	駄科財産区	山林	管理会	
〃	時又財産区	山林	管理会	
〃	上川路財産区	山林、原野	管理会	
〃	千代財産区	山林	管理会	
〃	山本区財産区	山林	管理会	
〃	松尾地区財産区		管理会	
〃	県財産区		管理会	
須坂市	豊丘財産区	山林	議会	新
〃	井上、幸高、久反田、中島財産区	山林	管理会	新
小諸市	高峰財産区	山林	管理会	新
〃	古牧財産区	山林	管理会	新
〃	滋野財産区	山林	管理会	新
〃	御牧ヶ原財産区	山林	管理会	新
伊那市	伊那財産区	山林、保安林	議会	新
〃	富県財産区	山林、原野、宅地、保安林	議会	新
〃	美篶財産区	山林、保安林	議会	新
〃	東春近財産区	山林、保安林	議会	新
〃	藤沢財産区		議会	新
〃	北原財産区	原野、畑、溝	議会	旧
〃	片倉財産区	宅地、山林、畑、雑種地	議会	旧
〃	長藤財産区		管理会	新
〃	西春近財産区	山林、原野、宅地、雑種地、保安林	議会	新
駒ヶ根市	東伊那財産区	山林、雑種地	議会	新
中野市	中野財産区	宅地	管理会	新
〃	倭財産区	山林	管理会	新
〃	永田財産区	山林	管理会	新
茅野市	北山湯川財産区	山林	議会	旧
〃	北山柏原財産区	山林	議会	旧
〃	米沢北大塩財産区	山林	議会	旧
〃	泉野槻木財産区	山林	議会	旧
〃	豊平上古田財産区	山林	議会	旧
〃	宮川丸山財産区	山林	議会	旧

市町村	財産区名	主な財産	機関形式	新・旧
〃	豊平下古田財産区	山林	議会	旧
〃	外山財産区	山林	議会	旧
〃	内山財産区	山林	議会	旧
〃	鹿山財産区	山林	議会	旧
〃	七ヶ耕地財産区	山林	議会	旧
〃	豊平南大塩財産区	山林	議会	旧
〃	豊平塩之目財産区	山林	議会	旧
〃	豊平上場沢財産区	山林	議会	旧
〃	玉川山田財産区	山林	議会	旧
〃	玉川穴山財産区	山林	議会	旧
〃	玉川中沢財産区	山林	議会	旧
〃	泉野中道財産区	山林	議会	旧
〃	泉野小屋場財産区	山林	議会	旧
〃	米沢塩沢財産区	山林	議会	旧
〃	泉野財産区	山林	議会	新
〃	湖東笹原財産区	山林	議会	旧
〃	湖東白井出財産区	山林	議会	旧
〃	湖東堀財産区	山林	議会	旧
〃	玉川粟沢財産区	山林	議会	旧
〃	泉野大日影財産区	山林	管理会	旧
〃	湖東須栗平財産区	山林	議会	旧
〃	豊平御作田財産区	山林	議会	旧
〃	金沢財産区	山林	議会	新
〃	米沢埴原田財産区	山林	議会	旧
〃	玉川菊沢財産区	山林	議会	旧
〃	玉川北久保財産区	山林	議会	旧
〃	北山芹ヶ沢財産区	山林	議会	旧
〃	北山糸萱財産区	山林	議会	旧
〃	湖東新井財産区	山林	議会	旧
〃	湖東山口財産区	山林	議会	旧
〃	湖東中村財産区	山林	議会	旧
〃	湖東上菅沢財産区	山林	議会	旧
〃	豊平下菅沢財産区	山林	管理会	旧
〃	豊平福沢財産区	山林	議会	旧

市町村	財産区名	主な財産	機関形式	新・旧
〃	玉川子之神財産区	山林	議会	旧
〃	玉川神之原財産区	山林	議会	旧
〃	米沢鋳物師屋財産区	山林	管理会	旧
〃	玉川財産区	山林	議会	新
〃	湖東金山財産区	山林	議会	旧
〃	宮川財産区	山林	管理会	新
〃	宮川新井財産区	山林	管理会	旧
〃	玉川田道財産区	山林	管理会	旧
塩尻市	宗賀財産区	山林	議会	新
〃	洗馬財産区	山林	議会	新
〃	北小野財産区	山林	議会	新
千曲市	若宮、羽尾、須坂、上徳間、内川、千本柳　財産区	山林	議会	新
東御市	和財産区	山林	議会	新
〃	滋野財産区	山林	管理会	新
安曇野市	上山手山林財産区	山林	管理会	
〃	有明山林財産区	山林、原野	管理会	新
〃	富士尾沢山林財産区	山林	管理会	新
〃	穂高山林財産区	山林	管理会	新
〃	北の沢山林財産区	保安林	管理会	新
〃	牧山林財産区	山林	管理会	新
小海町	北牧財産区	山林、宅地	議会	新
〃	千代里財産区	山林	議会	旧
〃	本村中村土村財産区	山林	議会	旧
南牧村	海尻財産区	山林	議会	旧
〃	海ノ口財産区	山林	議会	旧
〃	広瀬財産区	山林	議会	旧
〃	板橋財産区	山林	議会	旧
〃	平沢財産区	山林	議会	旧
立科町	芦田財産区	山林	議会	新
長和町	大門財産区	山林	議会	新
〃	長久保財産区	山林	議会	新
〃	古町財産区	山林	議会	新
〃	和田財産区	山林	管理会	新
下諏訪町	東山田財産区	山林	管理会	新

市町村	財産区名	主な財産	機関形式	新・旧
〃	下諏訪財産区	温泉	議会	旧
富士見町	富士見財産区	山林	管理会	新
〃	乙事財産区	山林	議会	新
〃	本郷・落合・境財産区	山林	議会	新
辰野町	小野財産区	山林	議会	新
箕輪町	沢財産区	原野	議会	新
〃	大出財産区	原野	議会	新
〃	八乙女財産区	原野	議会	新
〃	下古田財産区	原野	議会	新
〃	上古田財産区	原野	議会	新
〃	中原財産区	山林	議会	新
〃	松島財産区		議会	新
〃	木下財産区	山林	議会	新
〃	富田財産区	山林	議会	新
〃	中曽根財産区	山林	議会	新
〃	長岡財産区	原野	議会	新
〃	南小河内財産区	原野	議会	新
〃	北小河内財産区	原野	議会	新
喬木村	小川耕地財産区	山林	議会	旧
信州新町 *	中牧財産区	山林、原野	議会	新
〃	日原財産区	山林、原野	管理会	新
〃	信級財産区	山林、原野	管理会	新

*：信州新町は、2010 年 1 月 1 日に中条村と共に長野市に編入されている。

19）岐阜県

市町村	財産区名	主な財産	機関形式	新・旧
岐阜市	岩利財産区	山林、宅地	議会	旧
〃	石谷財産区	山林、墓地、宅地	議会	旧
〃	村山財産区	山林、墓地	議会	旧
〃	彦坂財産区	山林、墓地	議会	旧
大垣市	下多良財産区	山林	議会	旧
〃	牧田財産区	山林	管理会	新
〃	一之瀬財産区	山林	管理会	新
〃	時財産区	山林	管理会	新

市町村	財産区名	主な財産	機関形式	新・旧
〃	上鍛冶屋財産区	山林	議会	旧
〃	谷畑財産区	山林	議会	旧
〃	奥財産区	山林	議会	旧
〃	祢宜財産区	山林	議会	旧
〃	宮財産区	山林	議会	旧
〃	上原財産区	山林	議会	旧
〃	三ツ里財産区	山林	議会	旧
〃	上多良財産区	山林	議会	旧
〃	前ヶ瀬財産区	山林	議会	旧
〃	西山財産区	山林	議会	旧
多治見市	南姫財産区	山林	管理会	新
関市	小野財産区	山林	管理会	
〃	広見財産区	山林	管理会	
〃	南武芸財産区	山林	管理会	
〃	東武芸財産区	山林	管理会	
〃	冨之保財産区	山林	管理会	
〃	中之保財産区	山林	管理会	
〃	下之保財産区	山林	管理会	
中津川市	苗木財産区	山林	議会	新
〃	坂本財産区	山林	議会	新
〃	田瀬財産区	山林	議会	旧
〃	下野財産区	山林	議会	旧
〃	福岡財産区	山林	議会	旧
〃	高山財産区	山林	議会	旧
〃	上野財産区	山林	議会	旧
美濃市	洲原財産区	山林	議会	新
〃	下牧財産区	山林	議会	新
〃	大矢田財産区	山林	議会	新
〃	中有知財産区	山林	議会	新
瑞浪市	釜戸財産区	山林	議会	新
〃	日吉財産区	山林	議会	新
〃	大湫財産区	山林	議会	新
恵那市	久須見財産区	山林、原野	議会	新
〃	中野財産区	山林、原野	議会	新

市町村	財産区名	主な財産	機関形式	新・旧
〃	竹折財産区	宅地、原野、山林	議会	新
〃	飯地財産区	山林、墓地、畑	議会	新
〃	中野方財産区	山林、原野	議会	新
〃	笠置財産区	山林、原野	議会	新
〃	鶴岡財産区	宅地	議会	新
〃	遠山財産区	山林	管理会	新
〃	永田財産区	山林	議会	新
〃	正家財産区	山林	議会	新
美濃加茂市	古井財産区	用水池・沼地	議会	新
〃	山之上財産区	山林	議会	新
土岐市	土岐口財産区	山林	議会	旧
可児市	土田財産区	山林	管理会	新
〃	平牧財産区	山林	管理会	新
〃	大森財産区	山林	管理会	新
〃	二野財産区	山林	管理会	新
〃	北姫財産区	山林	管理会	新
山県市	高富財産区	山林	管理会	旧
〃	乾財産区	山林	議会	新
〃	葛原財産区	山林	議会	新
〃	谷合財産区	山林	議会	新
〃	北武芸財産区	山林	議会	新
〃	青波財産区	山林	議会	新
〃	富永財産区	山林	議会	新
郡上市	大和財産区	山林	管理会	新
〃	白鳥財産区	山林	管理会	新
〃	牛道財産区	山林	管理会	新
〃	北濃財産区	山林	管理会	新
〃	石徹白財産区	山林	管理会	新
〃	高鷲財産区	山林	管理会	新
〃	下川財産区	山林	管理会	新
〃	明宝財産区	山林	管理会	新
〃	和良財産区	山林	管理会	新
下呂市	金山財産区	山林	管理会	旧
〃	下原財産区	山林	管理会	旧

市町村	財産区名	主な財産	機関形式	新・旧
〃	東財産区	山林	管理会	旧
海津市	駒野奥条入会財産区	山林	管理会	旧
〃	羽沢財産区	農地	管理会	旧
揖斐郡	北方財産区	山林	管理会	新
〃	大和財産区	山林	管理会	新
〃	谷汲財産区	山林	管理会	新
〃	長瀬財産区	山林	管理会	新
〃	横蔵財産区	山林	管理会	新
加茂郡	中麻生財産区	山林	管理会	新
〃	神渕財産区	山林	管理会	新
〃	上麻生財産区	山林	管理会	新
〃	中麻生財産区	山林	管理会	新

20）静岡県

市町村	財産区名	主な財産	機関形式	新・旧
静岡市	両河内財産区	山林	議会	新
〃	井川財産区	山林	議会	新
浜松市	赤佐財産区	山林	議会	新
〃	三大地財産区	原野	議会	旧
〃	四大地財産区	原野	議会	旧
〃	熊財産区	山林	管理会	新
〃	下阿多古財産区	山林	管理会	新
沼津市	愛鷹財産区	山林、原野	議会	新
〃	大平財産区	山林、原野	議会	新
〃	西浦財産区	山林、原野	議会	新
富士宮市	北山財産区	山林	管理会	新
〃	上井出財産区	山林	議会	新
〃	上井木区財産区	山林	なし	旧
〃	猪之頭区財産区	山林	なし	旧
〃	根原区財産区	山林	なし	旧
〃	白糸財産区	山林	議会	新
伊東市	湯川財産区	山林、原野、宅地、温泉、保安林	議会	旧
〃	松原財産区	山林、温泉	議会	旧
〃	玖須美財産区	山林、宅地、雑種地、温泉、公衆用道路	議会	旧

市町村	財産区名	主な財産	機関形式	新・旧
〃	新井財産区	山林、保安林、畑	議会	旧
〃	岡財産区	山林、保安林、温泉	議会	旧
〃	鎌田財産区	山林、保安林、原野、温泉	議会	旧
〃	川奈財産区	山林、墓地、畑、雑種地	議会	旧
〃	吉田財産区	山林、原野、用水池・沼地、公衆用道路	議会	旧
〃	荻財産区	山林	議会	旧
〃	十足財産区	山林、用水池・沼地	議会	旧
島田市	大津財産区	山林、原野、茶畑	議会	新
富士市	鈴木財産区		管理会	旧
〃	今井財産区		管理会	旧
〃	大野新田財産区		管理会	旧
〃	檜新田財産区		管理会	旧
〃	田中新田財産区		管理会	旧
〃	東柏原新田財産区		管理会	旧
〃	中柏原新田財産区		管理会	旧
〃	沼田新田財産区		管理会	旧
〃	西柏原新田財産区		管理会	旧
〃	中柏原新田・東柏原新田共有財産区		管理会	旧
〃	沼田新田・西柏原新田・中柏原新田・東柏原新田共有財産区		管理会	旧
磐田市	敷地外四ヶ字財産区	原野	議会	旧
〃	広瀬財産区	山林	管理会	新
〃	岩室財産区	原野	管理会	旧
〃	虫生財産区	原野	管理会	旧
〃	万瀬財産区	原野	管理会	旧
掛川市	倉真財産区	山林、原野	議会	新
〃	板沢財産区	山林、原野	議会	旧
〃	上内田四区財産区	原野	議会	旧
〃	南郷財産区	山林、原野	議会	旧
〃	上西郷財産区	山林	管理会	旧
〃	桜木財産区	山林	管理会	旧
〃	東山財産区	山林、原野	管理会	新
〃	佐束財産区	山林、原野	管理会	新

市町村	財産区名	主な財産	機関形式	新・旧
御殿場市	御殿場財産区	山林、原野	議会	新
〃	玉穂財産区	山林、原野	議会	新
〃	印野財産区	山林、原野	議会	新
〃	高根財産区	山林、原野	議会	新
〃	市原里財産区	山林、原野	議会	新
下田市	稲梓財産区	山林、原野	管理会	新
〃	柿崎財産区	山林、原野	議会	旧
〃	須崎財産区	山林、原野、宅地	議会	旧
裾野市	深良財産区	山林、原野	議会	新
伊豆市	湯ヶ島財産区	山林、原野、温泉	議会	旧
〃	持越財産区	山林	管理会	旧
〃	市山財産区	山林、原野	管理会	旧
〃	門野原財産区	山林、原野	管理会	旧
〃	吉奈財産区	山林、原野	管理会	旧
〃	吉奈財産区・月ヶ瀬財産区	山林、原野	管理会	旧
〃	田沢財産区	山林、原野	管理会	旧
〃	矢熊財産区	山林、原野	管理会	旧
御前崎市	池新田財産区	山林	管理会	新
〃	池新田西財産区	山林	管理会	新
〃	佐倉財産区	山林	管理会	新
〃	比木財産区	山林	管理会	新
〃	朝比奈財産区	不明	管理会	新
〃	新野財産区	用水池・沼地	管理会	新
菊川市	高橋財産区	山林、原野	管理会	新
伊豆の国市	北江間財産区	山林	議会	新
牧之原市	坂部財産区	山林	議会	新
東伊豆町	稲取財産区	宅地	管理会	新
河津町	上河津財産区	原野	議会	新
〃	浜財産区	原野	議会	新
〃	笹原財産区	原野	議会	新
〃	田中財産区	原野	議会	新
〃	沢田財産区	原野	議会	新
〃	逆川財産区	原野	議会	新
〃	峰財産区	山林	議会	新

市町村	財産区名	主な財産	機関形式	新・旧
〃	谷津財産区	原野	議会	新
〃	縄地財産区	原野	議会	新
〃	見高財産区	原野	議会	新
南伊豆町	南崎財産区	原野	管理会	新
〃	三坂財産区	山林、原野	管理会	新
〃	南上財産区	山林	管理会	新
松崎町	岩村財産区	山林	議会	新
西伊豆町	宇久須財産区	山林、原野、採草放牧地	議会	新
函南町	平井財産区	山林、原野、現金	管理会	旧
森町	一宮財産区	山林	議会	新
〃	飯田財産区	山林	議会	新

21）愛知県

市町村	財産区名	主な財産	機関形式	新・旧
岡崎市	豊富財産区	山林	管理会	新
〃	宮崎財産区	山林	管理会	新
〃	形埜財産区	山林	管理会	新
〃	下山財産区	山林	管理会	新
豊川市	一宮財産区	山林	管理会	新
豊田市	賀茂財産区	山林	管理会	新
〃	明川財産区	山林	議会	旧
〃	大野瀬財産区	山林、原野、宅地、墓地、畑、雑種地、道路敷	議会	旧
〃	中当財産区	山林、原野、宅地、墓地、雑種地	議会	旧
〃	武節町財産区	山林、原野、宅地、墓地、畑、雑種地、道路敷	議会	旧
〃	富永財産区	山林、宅地、墓地、雑種地	総会	旧
〃	盛岡財産区	山林	管理会	新
〃	連谷財産区	山林	議会	旧
〃	稲橋財産区	山林、原野、宅地、墓地、畑、雑種地、道路敷	議会	旧
〃	押山財産区	山林、原野、宅地、墓地、田、雑種地、道路敷、井溝	議会	旧
〃	小田木財産区	山林、原野、宅地、墓地、雑種地、道路敷	議会	旧
〃	川手財産区	山林、原野、宅地、墓地、田、畑、雑種地	議会	旧

市町村	財産区名	主な財産	機関形式	新・旧
〃	黒田財産区	山林、宅地、墓地、雑種地	議会	旧
〃	桑原財産区	山林、原野、宅地、墓地、雑種地	議会	旧
〃	御所貝津財産区	山林、原野、宅地、墓地、畑、雑種地	議会	旧
〃	夏焼財産区	山林、原野、宅地、墓地、雑種地、道路敷、井溝、鉱泉地	議会	旧
〃	野入財産区	山林、原野、宅地、墓地、畑、雑種地、道路敷	議会	旧
蒲郡市	三谷町財産区	山林	管理会	新
〃	西浦町財産区	山林	管理会	新
新城市	千郷財産区	山林	管理会	新
〃	東郷財産区	山林	管理会	新
〃	市川組財産区	宅地、雑種地	管理会	新
〃	塩沢組財産区	山林	管理会	新
〃	塩沢上組財産区	山林	管理会	新
〃	塩沢下組財産区	山林	管理会	新
〃	鳥原組財産区	山林	管理会	新
〃	吉川組財産区	山林	管理会	新
〃	吉川上組財産区	山林	管理会	新
〃	吉川峯山組財産区	山林	管理会	新
〃	吉川新在家組財産区	山林	管理会	新
〃	吉川上林組財産区	山林	管理会	新
〃	吉川下組財産区	山林	管理会	新
〃	小畑財産区	山林、原野	管理会	新
〃	中宇利財産区	山林	管理会	新
〃	富岡財産区	山林、原野	管理会	新
〃	黒田財産区	山林	管理会	新
〃	庭野財産区	山林	管理会	新
〃	一金秋田財産区	山林、原野	管理会	新
〃	八名井財産区	山林	管理会	新
〃	長篠財産区	山林	管理会	新
〃	海老財産区	山林	管理会	新
〃	山吉田財産区	山林	管理会	新
〃	大野財産区	山林	管理会	新
〃	七郷財産区	山林	管理会	新

市町村	財産区名	主な財産	機関形式	新・旧
〃	川合池場財産区	山林	管理会	新
〃	作手財産区	山林	管理会	新
設楽町	田口財産区	山林	管理会	新
〃	段嶺財産区	山林	管理会	新
〃	名倉財産区	山林	管理会	新
〃	津具財産区	山林	管理会	新
〃	神田・平山財産区	山林	管理会	新
東栄町	御殿財産区	山林	管理会	新
〃	本郷財産区	山林	管理会	新
〃	下川財産区	山林	管理会	新
〃	園財産区	山林	管理会	新
〃	振草財産区	山林	管理会	新
〃	中設楽財産区	山林	議会	旧
〃	三輪財産区	原野	管理会	新
豊根村	坂宇場財産区	山林	管理会	新
音羽町 *	赤坂財産区	山林	管理会	新
〃	長沢財産区	山林	管理会	新
〃	萩財産区	山林	管理会	新

*：音羽町は、2008 年 1 月 15 日に御津町と共に豊川市に編入されている。

22）三重県

市町村	財産区名	主な財産	機関形式	新・旧
津市	榊原財産区	山林	議会	新
〃	河内財産区	山林	管理会	新
〃	波瀬財産区	山林	議会	新
〃	椋本財産区	山林	管理会	新
四日市市	桜財産区	山林、原野	管理会	新
伊勢市	岡本町財産区	宅地	議会	旧
名張市	国津財産区	山林	議会	新
熊野市	井戸財産区	山林	議会	新
〃	有馬財産区	山林	議会	新
いなべ市	治田財産区	山林、原野、宅地、用水池・沼地	議会	新
志摩市	児島財産区	山林、原野、宅地、道路	議会	旧
〃	南張財産区	山林、原野、宅地、用水池･沼地、公衆用道路	議会	旧

市町村	財産区名	主な財産	機関形式	新・旧
〃	塩屋財産区	山林、田、畑、道路	議会	旧
〃	直子財産区	山林、原野、宅地、用水池・沼地	議会	旧
伊賀市	伊賀町柘植財産区	山林、原野、宅地	議会	新
〃	島ヶ原財産区	山林、雑種地、井講	管理会	新
〃	大山田財産区	山林	管理会	新
菰野町	千草財産区	山林	議会	新
〃	千種財産区	山林、原野	管理会	新
〃	鵜川原財産区	現金	管理会	

23）滋賀県

市町村	財産区名	主な財産	機関形式	新・旧
大津市	橋本財産区	用水池・沼地、墓地	管理会	新
〃	神領財産区	用水池・沼地、畑	管理会	新
〃	大江財産区	用水池・沼地、墓地	管理会	新
〃	南大萱財産区	用水池・沼地、保安林	管理会	新
〃	月輪財産区	用水池・沼地、保安林	管理会	新
〃	平野財産区	墓地、用水池・沼地	管理会	新
〃	牧財産区	用水池・沼地、保安林	管理会	新
〃	桐生財産区	山林、用水池・沼地	管理会	新
彦根市	千福財産区	山林	議会	
〃	日夏町財産区	山林	議会	
〃	鳥居本町外 13 ヶ町財産区	山林	議会	
〃	河瀬財産区	山林	議会	
〃	高官財産区	山林、用水池・沼地	議会	
長浜市	上草野財産区	山林	管理会	新
〃	田根財産区	山林	管理会	新
〃	七尾財産区	山林	管理会	新
近江八幡市 *	大林財産区	宅地、雑種地	管理会	新
〃	新巻財産区	山林、宅地、用水池・沼地	管理会	新
〃	円山財産区	山林、原野、宅地	管理会	新
〃	東川財産区	宅地、用水池・沼地、墓地	管理会	新
〃	船木財産区	山林、原野、墓地	管理会	新
〃	倉橋部財産区	原野	管理会	新
〃	浄土寺財産区	山林、用水池・沼地、墓地	管理会	新

市町村	財産区名	主な財産	機関形式	新・旧
〃	竹財産区	墓地	管理会	新
〃	池田本町財産区	河川流域、宅地、用水池・沼地、墓地	管理会	新
〃	野村財産区	原野、宅地、墓地	管理会	新
〃	上畑財産区	山林、宅地	管理会	新
〃	牧財産区	山林、原野	管理会	新
〃	古川財産区	原野、用水池・沼地	管理会	新
〃	江頭財産区	原野、宅地	管理会	新
〃	小田財産区	墓地	管理会	新
〃	千僧供財産区	山林、原野、宅地、用水池・沼地、墓地	管理会	新
〃	西宿財産区	用水池・沼地	管理会	新
〃	馬渕財産区	原野、宅地、用水池・沼地、墓地	管理会	新
〃	安養寺財産区	山林、宅地、墓地	管理会	新
〃	小船木財産区	原野、宅地、雑種地	管理会	新
〃	森尻財産区	墓地、雑種地	管理会	新
〃	南津田財産区	山林、宅地	管理会	新
〃	長光寺財産区	用水池・沼地、墓地、雑種地	管理会	新
〃	中村財産区	原野、宅地、用水池・沼地	管理会	新
〃	東財産区	山林、原野、宅地、用水池・沼地、墓地	管理会	新
〃	白王財産区	墓地	管理会	新
〃	八木中湯財産区	用水池・沼地	管理会	新
草津市	草津町財産区	宅地、墓地	管理会	新
〃	南笠町財産区	宅地、用水池・沼地、墓地	管理会	新
〃	下笠町財産区	宅地、墓地	管理会	新
〃	野村町財産区	宅地、墓地	管理会	新
〃	上笠町財産区	宅地、墓地	管理会	新
〃	渋川地区財産区	宅地、墓地	管理会	新
〃	南山田町財産区	宅地、墓地	管理会	新
〃	川原町財産区	宅地、墓地	管理会	新
〃	馬場町財産区	宅地、用水池・沼地、墓地	管理会	新
〃	青地町財産区	宅地、用水池・沼地、墓地	管理会	新
〃	平井町財産区	宅地、墓地	管理会	新
〃	矢橋町財産区	宅地、墓地	管理会	新

市町村	財産区名	主な財産	機関形式	新・旧
〃	木川地区財産区	宅地、墓地	管理会	新
〃	野路町財産区	宅地、用水池・沼地、墓地	管理会	新
〃	矢倉町財産区	宅地、用水池・沼地、墓地	管理会	新
〃	新浜町財産区	宅地、用水池・沼地、墓地	管理会	新
〃	橋岡町財産区	宅地、墓地	管理会	新
〃	三ツ池財産区	用水池・沼地	管理会	新
〃	御倉町財産区	宅地、墓地	管理会	新
〃	駒井沢町財産区	宅地	管理会	新
〃	山田町財産区	宅地、墓地	管理会	新
〃	集町財産区	宅地、墓地	管理会	新
〃	木川町財産区	宅地、墓地	管理会	新
〃	追分町財産区	宅地、用水池・沼地、墓地	管理会	新
〃	北山田町財産区	宅地、墓地	管理会	新
甲賀市	鮎河山林財産区	山林	管理会	新
〃	山内山林財産区	山林	管理会	新
〃	土山山林財産区	山林	管理会	新
〃	大野山林財産区	山林	管理会	新
〃	大原共有山財産区	山林	管理会	新
〃	油日共有山財産区	山林	管理会	新
〃	和田財産区	山林	管理会	新
野洲市	北桜財産区	山林	管理会	新
高島市	荒谷山財産区	山林	管理会	新
〃	河内山財産区	山林	管理会	新
〃	中沼財産区	用水池・沼地	管理会	新
〃	今津財産区	用水池・沼地	管理会	新
〃	鵜川財産区	原野	管理会	旧
〃	打下財産区	山林	管理会	旧
〃	永田財産区	原野	管理会	旧
〃	鴨財産区	宅地、用水池・沼地	管理会	旧
〃	宮野財産区	山林	管理会	旧
〃	野田財産区	原野、用水池・沼地	管理会	旧
〃	武曽横山財産区	山林	管理会	旧
〃	高島財産区	山林、原野	管理会	旧
〃	伊黒財産区	山林	管理会	旧

市町村	財産区名	主な財産	機関形式	新・旧
〃	富坂財産区	山林	管理会	旧
〃	高島・畑財産区	原野	管理会	旧
〃	黒谷財産区	山林、原野	管理会	旧
〃	鹿ヶ瀬・黒谷財産区	山林、原野	管理会	旧
〃	畑財産区	山林、原野	管理会	旧
〃	黒谷・畑財産区	山林、原野	管理会	旧
〃	赤坂川原谷関係財産区	山林	総会	新
東近江市	甲津畑財産区	山林	議会	
米原市	東草野財産区	山林	議会	新
〃	伊吹財産区	山林	議会	新
〃	春照財産区	山林	議会	新
安土町 *	常楽寺財産区	山林、原野、宅地	管理会	新
〃	下豊浦財産区	山林、宅地	管理会	新
多賀町	大佐谷財産区	山林	議会	新
〃	霊仙財産区	山林	管理会	新
〃	多賀財産区	山林	管理会	新
〃	大滝財産区	山林	管理会	新
湖北町 **	小谷財産区	山林	管理会	新

*　：旧・近江八幡市と安土町は、2010 年 3 月 21 日に合併し、近江八幡市となっている。
**：湖北町は、2010 年 1 月 1 日に虎姫町、高月町、木之本町、余呉町、西浅井町と共に長浜市に編入されている。

24）京都府

市町村	財産区名	主な財産	機関形式	新・旧
福知山市	上夜久野財産区	山林	議会	新
〃	中夜久野地区財産区	山林	なし	新
〃	下夜久野地区財産区	山林	管理会	新
綾部市	十倉財産区	山林	議会	旧
宮津市	上宮津財産区	山林	管理会	新
〃	栗田財産区	山林	管理会	新
〃	由良財産区	山林	管理会	新
〃	吉津財産区	山林	管理会	新
〃	世屋財産区	山林	管理会	新
〃	養老財産区	山林	管理会	新
〃	日ヶ谷財産区	山林	管理会	新

市町村	財産区名	主な財産	機関形式	新・旧
亀岡市	亀岡財産区	山林	管理会	新
〃	東別院財産区	山林	管理会	新
〃	西別院財産区	山林	管理会	新
〃	稗田野財産区	山林	管理会	新
〃	本梅財産区	山林	管理会	新
〃	畑野財産区	山林	管理会	新
〃	馬路財産区	山林	管理会	新
〃	旭財産区	山林	管理会	新
〃	千歳財産区		管理会	新
〃	保津財産区	山林	管理会	新
〃	篠財産区	山林	管理会	新
〃	東本梅財産区	山林	管理会	新
〃	中野財産区	山林	管理会	新
〃	平松財産区	山林	管理会	新
〃	井手財産区	山林	管理会	新
〃	中野平松井手財産区	山林	管理会	新
〃	西加舎財産区	山林	管理会	新
〃	東加舎財産区	山林	管理会	新
〃	宮川財産区	山林	管理会	新
〃	神前財産区	山林	管理会	新
〃	北ノ庄財産区	山林	管理会	新
〃	市川関財産区	山林	管理会	新
〃	千原財産区	山林	管理会	新
〃	美濃田財産区	山林	管理会	新
〃	杉財産区	山林	管理会	新
〃	山階財産区	山林	管理会	新
〃	印地財産区	山林	管理会	新
〃	河原尻財産区	山林	管理会	新
〃	元千歳国分財産区	山林	管理会	新
〃	国分財産区	山林	管理会	新
〃	小口出雲財産区	山林	管理会	新
城陽市	寺田財産区	山林	管理会	旧
向日市	寺戸財産区	山林	管理会	新
〃	物集女財産区	山林、用水池・沼地	管理会	新

市町村	財産区名	主な財産	機関形式	新・旧
長岡京市	馬場財産区	宅地、用水池・沼地、墓地、堤塘	なし	旧
〃	神足財産区	山林、用水池•沼地、墓地、堤塘、水路	なし	旧
〃	勝竜寺財産区	用水池・沼地、墓地、畑	なし	旧
〃	調子財産区	用水池・沼地、墓地、水路	なし	旧
〃	開田財産区	用水池・沼地、墓地、堤	なし	旧
〃	下海印寺財産区	原野、宅地、用水池•沼地、墓地、水路	なし	旧
〃	奥海印寺財産区	山林、宅地、用水池•沼地、墓地、畑	議会	旧
〃	長法寺財産区	山林、宅地、用水池•沼地、墓地、雑種地	議会	旧
〃	今里財産区	原野、宅地、用水池・沼地、墓地	議会	旧
京田辺市	松井財産区	山林、用水池・沼地	管理会	新
京丹後市	峰山財産区	山林	管理会	新
〃	五箇財産区	山林	管理会	新
〃	安養寺財産区	山林、宅地	なし	旧
〃	坂谷財産区	山林、宅地	管理会	旧
〃	竹藤財産区	山林、原野	管理会	旧
〃	女布財産区	山林、宅地	管理会	旧
〃	丸山財産区	山林	管理会	旧
〃	女布丸山財産区	山林	管理会	旧
〃	湊財産区		管理会	旧
南丹市	神吉元上財産区	山林	議会	旧
〃	神吉元下財産区	山林	議会	旧
木津川市	旧北村旧兎並村旧里村財産区	山林、預金	管理会	旧
〃	旧加茂町財産区	山林、原野、用水池・沼地	管理会	旧
〃	旧瓶原村財産区	山林、原野、墓地	管理会	旧
〃	旧当尾村財産区	山林、原野、用水池・沼地	管理会	旧
〃	上狛財産区	山林	管理会	新
〃	高麗財産区	山林	管理会	新
〃	棚倉財産区	山林	管理会	新
大山崎町	大山崎財産区	用水池・沼地、墓地	なし	新
〃	円明寺財産区	用水池・沼地、墓地	なし	新
〃	下植野財産区	用水池・沼地、墓地	なし	新

市町村	財産区名	主な財産	機関形式	新・旧
久御山町	三郷山財産区	山林	管理会	新
井手町	多賀財産区	山林	管理会	新
和束町	湯船財産区	山林	管理会	新
京丹波町	須知財産区	山林	管理会	新
〃	高原財産区	山林	管理会	新
〃	桧山財産区	山林	管理会	旧
〃	竹永財産区	山林、墓地	管理会	新
伊根町	朝妻財産区	山林	管理会	新
〃	本庄財産区	山林	管理会	新
〃	筒川財産区	山林	管理会	新
与謝野町	算所財産区	山林、宅地	管理会	旧
〃	加悦奥財産区	山林	管理会	旧
〃	後野財産区	山林、宅地	管理会	旧
〃	与謝財産区	山林、田、畑	管理会	旧
〃	滝財産区	山林、田、畑	管理会	旧
〃	金屋財産区	山林、原野	管理会	旧
〃	温江財産区	山林、宅地	管理会	旧
〃	明石財産区	山林、田、畑	管理会	旧
〃	香河財産区	山林、宅地	管理会	旧
〃	大江山財産区	山林	管理会	新
〃	三河内財産区	山林、原野	管理会	新
〃	岩屋財産区	山林、原野	管理会	新
〃	幾地財産区	山林	管理会	旧
〃	四辻財産区	山林	管理会	旧
〃	上山田財産区	山林	管理会	旧
〃	下山田財産区	山林、墓地	管理会	旧
〃	石川財産区	山林	管理会	新
〃	加悦財産区	山林、宅地	管理会	旧

25）大阪府

市町村	財産区名	主な財産	機関形式	新・旧
大阪市	北長柄町財産区	墓地	なし	旧
〃	南長柄町財産区	墓地	なし	旧
〃	東野田町財産区	墓地	なし	旧

市町村	財産区名	主な財産	機関形式	新・旧
〃	中野町財産区	道路	なし	旧
〃	都島本通財産区	道路	なし	旧
〃	花川北之町財産区	墓地	なし	旧
〃	西町財産区	宅地	なし	旧
〃	木川西之町財産区	墓地	なし	旧
〃	十三東之町財産区	墓地	なし	旧
〃	東塚本町財産区	墓地	なし	旧
〃	元今里南通財産区	墓地	なし	旧
〃	東雲町財産区	墓地	なし	旧
〃	堀上町財産区	墓地	なし	旧
〃	新高北通財産区	不明	なし	旧
〃	加島町財産区	墓地	なし	旧
〃	江口町財産区	宅地	なし	旧
〃	南大道町財産区	墓地	なし	旧
〃	小松町財産区	墓地	なし	旧
〃	豊里町財産区	道路	なし	旧
〃	国次町財産区	道路	なし	旧
〃	飛鳥町財産区	宅地	なし	旧
〃	南方町財産区	墓地	なし	旧
〃	山口町財産区	道路	なし	旧
〃	東宮原町財産区	墓地	なし	旧
〃	岡之町財産区	道路	なし	旧
〃	林寺町財産区	墓地	なし	旧
〃	生野田島町財産区	墓地	なし	旧
〃	中川町財産区	宅地	なし	旧
〃	巽大地町財産区	墓地	なし	旧
〃	巽四条町財産区	墓地	なし	旧
〃	巽伊賀之町財産区	墓地	なし	旧
〃	巽西足代町財産区	墓地	なし	旧
〃	両国町財産区	道路	なし	旧
〃	北清水町財産区	用悪水路	なし	旧
〃	別所町財産区	墓地	なし	旧
〃	上辻町財産区	道路	なし	旧
〃	南島長財産区	墓地	なし	旧

市町村	財産区名	主な財産	機関形式	新・旧
〃	中宮町財産区	宅地	なし	旧
〃	赤川町財産区	不明地	なし	旧
〃	野江町財産区	道路	なし	旧
〃	今福町財産区	墓地	なし	旧
〃	蒲生町財産区	道路	なし	旧
〃	関目町財産区	道路	なし	旧
〃	放出町財産区	道路	なし	旧
〃	鶴見町財産区	道路	なし	旧
〃	茨田焼野町財産区	畷敷	なし	旧
〃	茨田横堤町財産区	墓地	なし	旧
〃	茨田諸口町財産区	墓地	なし	旧
〃	茨田大宮町財産区	墓地	なし	旧
〃	茨田浜町財産区	墓地	なし	旧
〃	茨田安田町財産区	墓地	なし	旧
〃	矢田矢田部町財産区	墓地	なし	旧
〃	矢田住道町財産区	墓地	なし	旧
〃	矢田富田町財産区	墓地	なし	旧
〃	矢田枯木町財産区	境内地	なし	旧
〃	田辺財産区	道路	なし	旧
〃	鞍作新家南鞍作町財産区	墓地	なし	旧
〃	鞍作新家町財産区	宅地	なし	旧
〃	乾町財産区		なし	旧
〃	瓜破東之町財産区	宅地	なし	旧
〃	瓜破西之町財産区		なし	旧
〃	長吉川辺町財産区	墓地	なし	旧
〃	長吉出戸町財産区	墓地	なし	旧
〃	長吉長原町財産区	墓地	なし	旧
〃	長吉六反町財産区	墓地	なし	旧
岸和田市	魚屋財産区	宅地	なし	旧
〃	浜財産区	宅地	なし	旧
〃	野財産区	雑種地	なし	旧
〃	藤井財産区	用水池・沼地	なし	旧
〃	土生財産区	用水池・沼地	なし	旧
〃	作才財産区	用水池・沼地	なし	旧

市町村	財産区名	主な財産	機関形式	新・旧
〃	畑財産区	用水池・沼地	なし	旧
〃	極楽寺財産区	用水池・沼地	なし	旧
〃	流木財産区	用水池・沼地	なし	旧
〃	神須屋財産区	用水池・沼地	なし	旧
〃	八田財産区	用水池・沼地	なし	旧
〃	真上財産区	用水池・沼地	なし	旧
〃	土生滝財産区	用水池・沼地	なし	旧
〃	阿間河滝財産区	用水池・沼地	なし	旧
〃	河合財産区	墓地	なし	旧
〃	神於財産区	用水池・沼地	なし	旧
〃	相川財産区	墓地	なし	旧
〃	塔原財産区	原野	なし	旧
〃	磯上財産区	用水池・沼地	なし	旧
〃	吉井財産区	田	なし	旧
〃	中井財産区	墓地	なし	旧
〃	額原財産区	用水池・沼地	なし	旧
〃	久米田池財産区	用水池・沼地	なし	旧
〃	箕土路財産区	用水池・沼地	なし	旧
〃	小松里財産区	用水池・沼地	なし	旧
〃	久米田墓地財産区	墓地	なし	旧
〃	今木財産区	用水池・沼地	なし	旧
〃	摩湯財産区	用水池・沼地	なし	旧
〃	田治米財産区	用水池・沼地	なし	旧
〃	岡山財産区	用水池・沼地	なし	旧
〃	三田財産区	用水池・沼地	なし	旧
〃	包近財産区	用水池・沼地	なし	旧
〃	山直中財産区	用水池・沼地	なし	旧
〃	稲葉財産区	用水池・沼地	なし	旧
〃	積川財産区	用水池・沼地	なし	旧
〃	加守財産区	用水池・沼地	なし	旧
〃	西之内財産区	用水池・沼地	なし	旧
〃	下松財産区	用水池・沼地	なし	旧
〃	上松財産区	用水池・沼地	なし	旧
〃	尾生財産区	用水池・沼地	なし	旧

市町村	財産区名	主な財産	機関形式	新・旧
〃	内畑財産区	用水池・沼地	なし	旧
〃	大沢財産区	原野	なし	旧
豊中市	桜塚財産区	原野、用水池・沼地、墓地	なし	
〃	桜塚・原田財産区	用水池・沼地	なし	
〃	新免・南轟木財産区	墓地	なし	
〃	新免・南轟木・山ノ上財産区	用水池・沼地	なし	
〃	新免財産区	墓地	なし	
〃	山ノ上財産区	墓地	なし	
〃	麻田財産区	原野、宅地、用水池・沼地	なし	
〃	箕輪財産区	用水池・沼地	なし	
〃	走井財産区	用水池・沼地	なし	
〃	走井・箕輪財産区	墓地	なし	
〃	北刀根山財産区	用水池・沼地、墓地	なし	
〃	南刀根山財産区	宅地、用水池・沼地、墓地	なし	
〃	内田財産区	原野、用水池・沼地	なし	
〃	柴原財産区	用水池・沼地、墓地	なし	
〃	少路財産区	山林、用水池・沼地	なし	
〃	野畑財産区	宅地、用水池・沼地	なし	
〃	柴原・内田・野畑・少路財産区	墓地	なし	
〃	長興寺財産区	原野、宅地、用水池・沼地、墓地	なし	
〃	曽根財産区	用水池・沼地	なし	
〃	岡山財産区	墓地	なし	
〃	福井・曽根財産区	現金	なし	
〃	福井財産区	用水池・沼地、墓地	なし	
〃	服部財産区	宅地、墓地	なし	
〃	長興寺・曽根・福井財産区	用水池・沼地	なし	
〃	長興寺・曽根・福井・岡山財産区	宅地、用水池・沼地	なし	
〃	原田財産区	墓地	なし	
〃	勝部財産区	宅地、墓地	なし	
〃	利倉財産区	原野、宅地、用水池・沼地、墓地	なし	
〃	上津島財産区	宅地	なし	
〃	穂積財産区	原野、宅地、用水池・沼地、墓地	なし	

市町村	財産区名	主な財産	機関形式	新・旧
〃	長島財産区	用水池・沼地、墓地	なし	
〃	小曽根財産区	宅地、墓地	なし	
〃	石蓮寺財産区	墓地	なし	
〃	寺内財産区	墓地	なし	
〃	北条財産区	宅地	なし	
〃	浜財産区	墓地	なし	
〃	上新田財産区	山林、宅地、用水池・沼地、墓地	なし	
〃	熊野田村財産区	用水池・沼地、墓地	なし	
〃	菰江財産区	不明	なし	
〃	三屋財産区	墓地	なし	
〃	野田財産区	現金	なし	
〃	牛立財産区	墓地	なし	
〃	庄本財産区	墓地	なし	
〃	洲倒止財産区	宅地、墓地	なし	
池田市	伏尾財産区	墓地	管理会	新
〃	吉田財産区	用水池・沼地	管理会	新
〃	東山財産区	墓地	なし	新
〃	中川原財産区	墓地	管理会	新
〃	古江財産区	墓地	管理会	新
〃	木部財産区	墓地	なし	新
〃	上渋谷財産区	用水池・沼地	管理会	新
〃	下渋谷財産区	用水池・沼地	管理会	新
〃	畑財産区	用水池・沼地	管理会	新
〃	才田財産区	用水池・沼地	管理会	新
〃	井口堂財産区	墓地	管理会	新
〃	石橋財産区	宅地	管理会	新
〃	玉坂財産区	宅地	管理会	新
〃	野財産区	雑種地	管理会	新
〃	中ノ島財産区	墓地	なし	新
〃	東市場財産区	用水池・沼地	管理会	新
〃	西市場財産区	墓地	管理会	新
〃	北今在家財産区	用水池・沼地	管理会	新
〃	北轟・宮ノ前・北今在家財産区	用水池・沼地	管理会	新
〃	神田財産区	用水池・沼地	管理会	新

市町村	財産区名	主な財産	機関形式	新・旧
高槻市	富田町財産区	用水池・沼地	管理会	新
〃	原財産区	山林	管理会	新
〃	塚原財産区	用水池・沼地	管理会	新
〃	唐崎財産区	井路溝敷	管理会	新
〃	赤大路財産区	用水池・沼地	管理会	新
〃	氷室財産区	原野	管理会	新
〃	真上財産区	用水池・沼地	管理会	新
〃	辻子財産区	宅地	管理会	新
〃	下財産区	用水池・沼地	管理会	新
〃	安満財産区	用水池・沼地	管理会	新
〃	成合財産区	墓地	管理会	新
〃	上田部財産区		管理会	新
〃	庄所財産区	井路溝敷	管理会	新
〃	津之江財産区	社地	管理会	新
〃	奈佐原財産区	原野	管理会	
〃	前島財産区	井路溝敷	管理会	新
〃	土橋財産区	井路溝敷	管理会	新
〃	野中財産区	墓地	管理会	新
〃	中小路財産区	用水池・沼地	管理会	新
〃	服部財産区	用水池・沼地	管理会	新
〃	土室財産区	用水池・沼地	管理会	新
〃	別所財産区	用水池・沼地	管理会	新
〃	萩谷財産区	山林	管理会	新
〃	井尻財産区	宅地	管理会	新
〃	鵜殿財産区	井路溝敷	管理会	新
〃	上牧財産区	田、畑	管理会	新
〃	梶原財産区	用水池・沼地	管理会	新
〃	神内財産区	用水池・沼地	管理会	新
〃	萩之庄財産区	山林	管理会	新
〃	西五百住財産区	用水池・沼地	管理会	新
〃	岡本財産区	用水池・沼地	管理会	新
〃	東天川財産区	用水池・沼地	管理会	新
〃	野田財産区	社地	管理会	新
〃	高槻財産区	墓地	管理会	新

市町村	財産区名	主な財産	機関形式	新・旧
〃	霊仙寺財産区	山林	管理会	新
〃	西面財産区	墓地	管理会	新
〃	芝生財産区	用水池・沼地	管理会	新
〃	郡家財産区	用水池・沼地	管理会	新
〃	東五百住財産区	雑種地	管理会	新
〃	古曽部財産区	山林	なし	新
〃	西天川財産区	墓地	なし	新
〃	下田部財産区	墓地	なし	新
〃	大塚財産区	用水池・沼地	なし	新
〃	大塚町財産区	墓地	なし	新
〃	西冠財産区	宅地	なし	新
〃	芥川財産区	社地	なし	新
〃	川久保財産区	墓地	なし	新
〃	柱本財産区	原野	なし	新
〃	宮田財産区	用水池・沼地	管理会	新
貝塚市	堀財産区	用水池・沼地	なし	
〃	小瀬財産区	用水池・沼地	なし	
〃	久保財産区	用水池・沼地	なし	
〃	永吉財産区	墓地	なし	
〃	半田財産区	用水池・沼地	なし	
〃	福田財産区	用水池・沼地	なし	
〃	海塚財産区	用水池・沼地	なし	
〃	脇浜財産区	用水池・沼地	なし	
〃	澤・浦田財産区	用水池・沼地	なし	
〃	浦田財産区	用水池・沼地	なし	
〃	件財産区	用水池・沼地	なし	
〃	王子財産区	用水池・沼地	なし	
〃	橋本財産区	用水池・沼地	なし	
〃	地蔵堂財産区	用水池・沼地	なし	
〃	鳥羽財産区	用水池・沼地	なし	
〃	石才財産区	用水池・沼地	なし	
〃	麻生中財産区	用水池・沼地	なし	
〃	清児財産区	用水池・沼地	なし	
〃	名越財産区	用水池・沼地	なし	

市町村	財産区名	主な財産	機関形式	新・旧
〃	三ツ松財産区	用水池・沼地	なし	
〃	森財産区	山林	なし	
〃	三ヶ山財産区	用水池・沼地	なし	
〃	水間財産区	用水池・沼地	なし	
〃	木積財産区	用水池・沼地	なし	
〃	馬場財産区	用水池・沼地	なし	
〃	大川財産区	墓地	なし	
〃	秬谷財産区	用水池・沼地	なし	
〃	東財産区	墓地	なし	
〃	王子・堤・窪田財産区	用水池・沼地	なし	
〃	三ツ松・森財産区	用水池・沼地	なし	
〃	地蔵堂外 11 財産区	用水池・沼地	なし	
守口市	東橋波財産区	墓地	管理会	新
茨木市	宇野辺財産区			
〃	野々宮財産区			
〃	宿久庄財産区			
〃	清水財産区			
〃	粟生岩阪財産区			
〃	水尾財産区			
〃	福井財産区			
〃	安威財産区			
〃	道祖本財産区			
〃	茨木財産区			
〃	奈良財産区			
〃	内瀬財産区			
〃	真砂財産区			
〃	丑寅財産区			
〃	蔵垣内財産区			
〃	耳原財産区			
〃	太田財産区			
〃	上穂積財産区			
〃	二階堂財産区			
〃	桑原財産区			
〃	大岩財産区			

市町村	財産区名	主な財産	機関形式	新・旧
〃	総持寺財産区			
〃	倍賀財産区			
〃	生保財産区			
〃	西河原財産区			
八尾市	西郷財産区	墓地	なし	旧
〃	穴太財産区	墓地	なし	旧
〃	別宮財産区	墓地	なし	旧
〃	八尾座財産区	墓地、公共施設	なし	旧
〃	佐堂財産区	墓地	なし	旧
〃	萱振財産区	墓地	なし	旧
〃	今井財産区	墓地	なし	旧
〃	八尾外６財産区	墓地	なし	旧
〃	山本新田財産区	墓地	なし	旧
〃	福万寺財産区	墓地、公共施設、地元施設	なし	旧
〃	上之島財産区	墓地	なし	旧
〃	万願寺財産区	墓地、公共施設、地元施設	なし	旧
〃	小阪合財産区	墓地	なし	旧
〃	山本新田外５財産区	墓地	なし	旧
〃	植松財産区	墓地、地元施設	なし	旧
〃	安中財産区	墓地	なし	旧
〃	渋川財産区	地元施設	なし	旧
〃	太子堂財産区	墓地、地元施設	なし	旧
〃	亀井財産区	墓地	なし	旧
〃	竹渕財産区	公共施設、地元施設等	なし	旧
〃	沼財産区	地元施設	なし	旧
〃	太田財産区	墓地、地元施設	なし	旧
〃	木の本財産区	地元施設	なし	旧
〃	北木の本財産区	墓地、地元施設	なし	旧
〃	黒谷財産区	溜池、提塘、地元施設	なし	旧
〃	教興寺財産区	溜池、提塘、地元施設	なし	旧
〃	垣内財産区	山林、原野、墓地、溜池、提塘、地元施設	なし	旧
〃	恩智財産区	溜池、提塘、公共施設、地元施設	なし	旧
〃	神宮寺財産区	山林、原野、墓地、公共施設、地元施設	なし	旧

市町村	財産区名	主な財産	機関形式	新・旧
〃	楽音寺財産区	山林、原野、墓地、溜池	なし	旧
〃	神立財産区	墓地、溜池、提塘、地元施設	なし	旧
〃	大竹財産区	溜池、提塘、公共施設	なし	旧
〃	水越財産区	山林、原野、溜池、提塘、公共施設	なし	旧
〃	千塚財産区	溜池、提塘、公共施設、地元施設	なし	旧
〃	大窪財産区	溜池、提塘	なし	旧
〃	山畑財産区	溜池、公共施設、地元施設	なし	旧
〃	服部川財産区	溜池、提塘、公共施設、地元施設	なし	旧
〃	郡川財産区	原野、山林、溜池、提塘、公共施設、地元施設	なし	旧
〃	中田財産区	墓地	なし	旧
〃	刑部財産区	墓地、地元施設	なし	旧
〃	八尾木財産区	墓地、地元施設	なし	旧
〃	都塚財産区	墓地、地元施設	なし	旧
〃	東弓削財産区	墓地、地元施設	なし	旧
〃	老原財産区	墓地	なし	旧
〃	天王寺屋財産区	墓地	なし	旧
〃	田井中財産区	地元施設	なし	旧
富田林市	喜志財産区	用水池・沼地	議会	新
河内長野市	天野財産区	墓地	なし	
〃	石仙財産区	山林、墓地	なし	
〃	石見川財産区	宅地、墓地、田	なし	
〃	市財産区	山林、原野、宅地、用水池•沼地、墓地、田、堤、雑種地	なし	
〃	岩瀬財産区	墓地	なし	
〃	上田財産区	用水池・沼地、墓地、堤、畑	なし	
〃	上原財産区	宅地、用水池・沼地、墓地、堤、公衆用道路	なし	
〃	太井財産区	墓地	なし	
〃	小塩財産区	山林、原野、宅地、用水池•沼地、畑、堤	なし	
〃	小山田財産区	用水池・沼地、墓地、堤	なし	
〃	加賀田財産区	墓地	なし	
〃	片添財産区	墓地	なし	
〃	神が丘財産区	墓地	なし	

市町村	財産区名	主な財産	機関形式	新・旧
〃	唐久谷財産区	山林、原野、墓地	なし	
〃	河合寺財産区	用水池・沼地、墓地、堤	なし	
〃	喜多財産区	宅地、用水池・沼地、墓地、堤	なし	
〃	木戸財産区	山林、宅地、用水池・沼地、墓地、畑、堤、雑種地	なし	
〃	小深財産区	墓地	なし	
〃	下里財産区	山林、用水池・沼地、墓地、田、堤	なし	
〃	滝畑財産区	墓地、畑	なし	
〃	高向財産区	原野、用水池・沼地、墓地	なし	
〃	寺元財産区	墓地	なし	
〃	長野財産区	山林、公衆用道路	なし	
〃	西代財産区	用水池・沼地、堤	なし	
〃	野作財産区	山林、宅地、用水池・沼地、墓地、堤、公衆用道路	なし	
〃	鳩原財産区	墓地	なし	
〃	原財産区	用水池・沼地、墓地、堤	なし	
〃	日野財産区	山林、原野、宅地、用水池・沼地、墓地、田、堤	なし	
〃	吉野財産区	宅地、公園	なし	
〃	三日市財産区	墓地	なし	
〃	向野財産区	用水池・沼地、堤	なし	
松原市	丹南財産区	用水池・沼地、田	管理会	新
〃	若林財産区	用水池・沼地、墓地、田	管理会	新
〃	岡財産区	宅地、用水池・沼地、田	管理会	新
〃	大堀財産区	用水池・沼地、田、グランド	管理会	新
〃	小川財産区	宅地、用水池・沼地、墓地、畑	管理会	新
〃	一津屋財産区	宅地、用水池・沼地、墓地	管理会	新
〃	別所財産区	宅地、用水池・沼地、畑、雑種地	管理会	新
〃	田井城財産区	用水池・沼地、墓地	管理会	新
和泉市	府中財産区	用水池・沼地、墓地	総会	
〃	肥子財産区			
〃	和気財産区			
〃	小田財産区			
〃	伯太財産区			
〃	黒鳥財産区			

市町村	財産区名	主な財産	機関形式	新・旧
〃	池上財産区			
〃	芦部財産区			
〃	一条院財産区			
〃	今福財産区			
〃	桑原財産区			
〃	観音寺財産区			
〃	阪本財産区			
〃	井口財産区			
〃	寺田財産区			
〃	浦田財産区			
〃	万町財産区			
〃	平井財産区			
〃	三林財産区			
〃	黒石財産区			
〃	国分財産区			
〃	和田財産区			
〃	納花財産区			
〃	鍛冶屋財産区			
〃	池田下財産区			
〃	伏屋財産区			
〃	室堂財産区			
〃	小野田財産区			
〃	善正財産区			
〃	坪井財産区			
〃	仏並財産区			
〃	福瀬財産区			
〃	九鬼財産区			
〃	岡財産区			
〃	北田中財産区			
〃	下宮財産区			
〃	南面利財産区			
〃	父鬼財産区			
〃	大野財産区			
〃	松尾寺財産区			

市町村	財産区名	主な財産	機関形式	新・旧
〃	若樫財産区			
〃	久井財産区			
〃	春木川財産区			
〃	春木財産区			
〃	箕形財産区			
〃	唐国財産区			
〃	内田財産区			
〃	寺門財産区			
〃	太財産区			
〃	上代財産区			
〃	尾井財産区			
〃	王子財産区			
〃	南王子財産区			
〃	上財産区			
〃	葛の葉財産区			
〃	富秋財産区			
〃	舞財産区			
柏原市	国分財産区	用水池・沼地、墓地、堤塘、道路	なし	
〃	玉手村財産区	墓地	なし	
〃	円明村財産区	墓地	なし	
〃	法善寺・平野財産区	用水池・沼地	なし	
〃	大県・太平寺・安堂財産区	用水池・沼地、堤塘	なし	
〃	法善寺財産区	山林、墓地	なし	
〃	大県財産区	宅地、墓地	なし	
〃	太平寺財産区	用水池・沼地、墓地、提塘	なし	
〃	高井田財産区	用水池・沼地、堤塘	なし	
〃	平野財産区	宅地、畑	なし	
〃	青谷財産区	宅地、墓地	なし	
〃	雁多尾畑財産区	山林、用水池・沼地、墓地、堤塘	なし	
〃	峠財産区	山林、墓地	なし	
〃	柏原財産区	墓地	なし	
〃	安堂財産区	宅地、用水池・沼地、提塘	なし	
羽曳野市	誉田財産区	用水池・沼地、墓地	なし	旧
〃	軽里財産区	用水池・沼地	なし	旧

市町村	財産区名	主な財産	機関形式	新・旧
〃	丹下財産区	用水池・沼地、墓地	なし	旧
〃	西川財産区	用水池・沼地	なし	旧
〃	古市財産区	墓地	なし	旧
〃	東大塚財産区	用水池・沼地、墓地	なし	旧
〃	南宮財産区	用水池・沼地、墓地	なし	旧
〃	北宮財産区	用水池・沼地	なし	旧
〃	島泉財産区	用水池・沼地、墓地	なし	旧
〃	南島泉財産区	用水池・沼地、墓地	なし	旧
〃	埴生野財産区	墓地	なし	旧
〃	伊賀財産区	原野、用水池・沼地、墓地	なし	旧
〃	野々上財産区	用水池・沼地、墓地	なし	旧
〃	向野財産区	用水池・沼地、墓地	なし	旧
〃	駒ヶ谷財産区	用水池・沼地、墓地	なし	旧
〃	飛鳥財産区	用水池・沼地、墓地	なし	旧
〃	西浦財産区	用水池・沼地、墓地	なし	旧
〃	蔵之内財産区	用水池・沼地	なし	旧
〃	尺度財産区	用水池・沼地、墓地	なし	旧
〃	東阪田財産区	用水池・沼地、墓地	なし	旧
〃	野財産区	用水池・沼地	なし	旧
〃	樫山財産区	用水池・沼地、墓地	なし	旧
〃	郡戸財産区	用水池・沼地、墓地	なし	旧
〃	河原城財産区	用水池・沼地、墓地	なし	旧
摂津市	味舌上財産区	宅地、墓地、溜池	管理会	
〃	小坪井財産区	宅地、溜池	管理会	
〃	太中財産区	宅地、井溝	管理会	
〃	乙辻財産区	宅地	管理会	
〃	鶴野財産区	宅地、墓地	管理会	
高石市	土生財産区	用水池・沼地、墓地	なし	旧
〃	新家財産区	用水池・沼地、墓地	なし	旧
〃	綾井財産区	用水池・沼地、墓地	なし	旧
〃	大園財産区	用水池・沼地、墓地	なし	旧
〃	富木財産区	墓地、用水池・沼地	なし	旧
〃	今在家財産区	用水池・沼地、墓地	なし	旧
〃	新財産区	用水池・沼地、墓地	なし	旧

市町村	財産区名	主な財産	機関形式	新・旧
〃	南財産区	用水池・沼地、墓地	なし	旧
〃	北財産区	用水池・沼地、墓地	なし	旧
東大阪市	額田財産区	山林、宅地、用水池・沼地	管理会	新
〃	横小路財産区	用水池・沼地	管理会	新
〃	六万寺財産区	用水池・沼地	管理会	新
〃	四条財産区	用水池・沼地	なし	新
〃	河内財産区	用水池・沼地	管理会	新
〃	出雲井鳥居財産区	宅地	管理会	新
〃	豊浦財産区	用水池・沼地	管理会	新
〃	石切（辻子、芝、植附）財産区	宅地、用水池・沼地	管理会	新
〃	日下財産区	宅地、用水池・沼地	管理会	新
〃	善根寺財産区	山林、用水池・沼地	管理会	新
泉南市	樽井地区財産区	原野、用水池・沼地	管理会	新
交野市	私市財産区	山林、用水池•沼地、墓地、堤、田、畑	議会	新
〃	倉治財産区	山林、原野、宅地、用水池•沼地、墓地、堤、畑	議会	新
〃	郡津財産区	原野、用水池・沼地、墓地、堤	議会	新
〃	私部財産区	山林、原野、宅地、用水池•沼地、墓地、堤、田、畑、井溝	議会	新
〃	星田財産区	山林、用水池・沼地、墓地、畑	議会	新
〃	森財産区	山林、宅地、用水池•沼地、墓地、堤、畑	議会	新
〃	寺財産区	山林、原野、宅地、用水池•沼地、墓地、堤、畑	議会	新
大阪狭山市	池尻財産区	用水池・沼地	管理会	新
〃	半田財産区	用水池・沼地	なし	新
〃	東野財産区	用水池・沼地	総会	新
〃	今熊財産区	用水池・沼地	なし	新
〃	岩室財産区	用水池・沼地	管理会	新
〃	茱萸木財産区	用水池・沼地	管理会	新
阪南市	東鳥取南海財産区	山林	管理会	新
〃	東鳥取財産区	山林	管理会	新
〃	南海財産区	山林	管理会	新
島本町	大沢財産区		管理会	新
〃	尺代財産区		管理会	新

市町村	財産区名	主な財産	機関形式	新・旧
〃	山崎財産区	山林、宅地、墓地	管理会	新
〃	東大寺財産区	墓地	管理会	新
〃	広瀬財産区	宅地、溜池原野	管理会	新
〃	桜井財産区	宅地、墓地、溜池	管理会	新
〃	高浜財産区	宅地、墓地、用悪水路	管理会	新
豊能町	吉川財産区	山林、原野	議会	新
岬町	淡輪地区財産区	山林	管理会	新
〃	深日地区財産区	山林	管理会	新
〃	多奈川地区財産区	山林	管理会	新
〃	谷川地区財産区	用水池・沼地	なし	新
太子町	山田財産区	山林、用水池・沼地	管理会	新
〃	春日財産区	用水池・沼地	管理会	新

26）兵庫県

市町村	財産区名	主な財産	機関形式	新・旧
神戸市	楠町財産区	山林、宅地、溜池	なし	旧
〃	御影財産区	用水池・沼地、墓地	管理会	旧
〃	郡家財産区	宅地、墓地	管理会	旧
〃	野寄財産区	山林、墓地、田畑	管理会	旧
〃	田中財産区	山林	管理会	旧
〃	岡本財産区	山林、宅地、墓地、溜池	管理会	旧
〃	田辺財産区	宅地、墓地	管理会	旧
〃	北畑財産区	宅地、墓地、溜池	管理会	旧
〃	小路財産区	墓地	管理会	旧
〃	中野財産区	墓地	管理会	旧
〃	森財産区	墓地	管理会	旧
〃	青木財産区	宅地、墓地	管理会	旧
〃	西青木財産区	山林、墓地、溜池	管理会	旧
〃	深江財産区	宅地、墓地、溜池	管理会	旧
〃	東明財産区	山林、墓地	なし	旧
〃	魚崎財産区	山林、宅地	議会	旧
〃	八幡財産区	山林、原野、宅地、墓地	管理会	旧
〃	都賀財産区	山林、原野、宅地、墓地	管理会	旧
〃	篠原財産区	原野、宅地、山林、墓地	管理会	旧

市町村	財産区名	主な財産	機関形式	新・旧
〃	高羽財産区	原野、宅地、山林、墓地	管理会	旧
〃	徳井財産区	宅地、墓地	管理会	旧
〃	新在家財産区	宅地、墓地	管理会	旧
〃	大石財産区	宅地、墓地	管理会	旧
〃	岩屋財産区	宅地、山林、墓地	なし	旧
〃	河原財産区	宅地、墓地	なし	旧
〃	上野財産区	宅地、墓地	管理会	旧
〃	森財産区	宅地、墓地	なし	旧
〃	五毛財産区	宅地、墓地、溜池	管理会	旧
〃	畑原財産区	宅地、墓地	なし	旧
〃	稗田財産区	宅地、墓地	なし	旧
〃	原田財産区	宅地、墓地	なし	旧
〃	味泥財産区	宅地、墓地	なし	旧
〃	鍛冶屋財産区	宅地、墓地	なし	旧
〃	水車新田財産区	宅地、墓地	なし	旧
〃	山本通５丁目財産区	宅地	なし	旧
〃	下山通７丁目財産区	山林、宅地	管理会	旧
〃	奥平野財産区	宅地、墓地、山林、溜池	管理会	旧
〃	石井財産区	墓地、田畑	なし	旧
〃	荒田財産区	溜池	なし	旧
〃	湊町財産区	宅地、溜池	管理会	旧
〃	東出町３丁目財産区	宅地	なし	旧
〃	西出財産区	宅地	管理会	旧
〃	宮前財産区	宅地	管理会	旧
〃	鍛冶屋財産区	宅地	なし	旧
〃	東柳原財産区	宅地	管理会	旧
〃	船大工財産区	宅地、原野	なし	旧
〃	関屋財産区	原野	なし	旧
〃	新在家財産区	原野	なし	旧
〃	出在家財産区	宅地、原野	なし	旧
〃	今出在家財産区	原野、宅地	管理会	旧
〃	和田崎財産区	原野、宅地	なし	旧
〃	小部財産区	墓地	なし	旧
〃	福地財産区	墓地	なし	旧

市町村	財産区名	主な財産	機関形式	新・旧
〃	中財産区	山林、宅地	なし	旧
〃	西下財産区	墓地	なし	旧
〃	坂本財産区	溜池	なし	旧
〃	衝原財産区	宅地、原野	管理会	旧
〃	小河財産区	墓地	なし	旧
〃	道場川原財産区	墓地	管理会	旧
〃	日下部財産区	墓地、田畑、溜池	管理会	旧
〃	平田財産区	宅地、山林、原野、田畑、溜池	管理会	旧
〃	生野財産区	墓地	なし	旧
〃	塩田財産区	山林、原野、溜池	管理会	旧
〃	中財産区	宅地、溜池	なし	旧
〃	上小名田財産区	原野、山林、田畑、溜池	管理会	旧
〃	下小名田財産区	山林、原野、宅地、田畑、溜池	管理会	旧
〃	吉尾財産区	宅地、山林、原野、田、溜池	管理会	旧
〃	附物財産区	原野、山林、宅地、墓地	管理会	旧
〃	屏風財産区	原野、宅地、墓地、山林、溜池	なし	旧
〃	西畑財産区	山林、墓地	なし	旧
〃	神付財産区	山林、墓地	管理会	旧
〃	上大沢財産区	原野、宅地、山林、田、溜池	管理会	旧
〃	中大沢財産区	山林、原野、宅地、墓地、田	管理会	旧
〃	日西原財産区	山林、墓地	管理会	旧
〃	簾財産区	山林、宅地、墓地	管理会	旧
〃	市原財産区	原野、宅地、墓地、山林、溜池	管理会	旧
〃	長田財産区	山林、宅地、墓地	管理会	旧
〃	池田財産区	山林、宅地	管理会	旧
〃	東尻池財産区	山林、宅地、墓地	管理会	旧
〃	西尻池財産区	宅地、山林、墓地	管理会	旧
〃	白川財産区	墓地	なし	旧
〃	車財産区	墓地	なし	旧
〃	妙法寺財産区	墓地	管理会	旧
〃	多井畑財産区	墓地	なし	旧
〃	塩屋財産区	山林、原野、溜池	管理会	旧
〃	東垂水財産区	山林、原野、宅地、墓地、田、溜池	管理会	旧
〃	西垂水財産区	原野、宅地、墓地、田、溜池	管理会	旧

市町村	財産区名	主な財産	機関形式	新・旧
〃	舞子財産区	山林、原野、墓地	管理会	旧
〃	多聞財産区	宅地、墓地、溜池	管理会	旧
〃	名谷財産区	原野、宅地、墓地、田、溜池	管理会	旧
〃	下畑財産区	原野、墓地	なし	旧
〃	布施畑財産区	墓地	管理会	旧
〃	前開財産区	原野、宅地、墓地、山林、田、溜池	管理会	旧
〃	小寺財産区	原野、山林、宅地、墓地、田、溜池	管理会	旧
〃	長坂財産区	原野、宅地、墓地、山林、溜池	管理会	旧
〃	上脇財産区	原野、宅地、墓地、田、溜池	管理会	旧
〃	井吹財産区	山林、宅地、墓地、田、溜池	管理会	旧
〃	別府財産区	原野、宅地、墓地、田、溜池	管理会	旧
〃	有瀬財産区	原野、宅地、墓地、山林、溜池	管理会	旧
〃	潤和財産区	原野、墓地、田、溜池	管理会	旧
〃	寺谷財産区	原野、墓地、溜池	管理会	旧
〃	友清財産区	原野、墓地、田	管理会	旧
〃	福谷財産区	山林、原野、宅地、墓地、田、溜池	管理会	旧
〃	池谷財産区	原野、宅地、墓地、溜池	管理会	旧
〃	長谷財産区	原野、宅地、山林、墓地、溜池	管理会	旧
〃	東枥木財産区	原野、宅地、墓地、溜池	管理会	旧
〃	西枥木財産区	原野、宅地、墓地、田、溜池	管理会	旧
〃	谷口財産区	墓地、田	なし	旧
〃	菅野財産区	宅地、墓地、溜池	管理会	旧
〃	松本財産区	宅地、墓地、田、溜池	管理会	旧
〃	木見財産区	原野、宅地、墓地、山林、田、溜池	管理会	旧
〃	木津財産区	墓地、山林、田、溜池	管理会	旧
〃	木幡財産区	宅地、用水池・沼地、溜池	管理会	旧
〃	栄財産区	溜池	管理会	旧
〃	押部財産区	墓地、溜池	管理会	旧
〃	福住財産区	原野、墓地、田、溜池	管理会	旧
〃	西盛財産区	山林、原野、宅地、墓地、田、溜池	管理会	旧
〃	近江財産区	原野、墓地	管理会	旧

市町村	財産区名	主な財産	機関形式	新・旧
〃	細田財産区	原野、宅地、墓地、溜池	管理会	旧
〃	高和財産区	原野、宅地、墓地、溜池	管理会	旧
〃	養田財産区	墓地、田、溜池	管理会	旧
〃	和田財産区	宅地、墓地、溜池	管理会	旧
〃	出合財産区	宅地、溜池、山林	管理会	旧
〃	田中財産区	宅地、溜池	管理会	旧
〃	居住財産区	宅地、溜池	管理会	旧
〃	小山財産区	宅地、溜池	管理会	旧
〃	二ツ屋財産区	宅地、墓地、溜池	管理会	旧
〃	丸塚財産区	宅地	管理会	旧
〃	今津財産区	墓地、山林、田、溜池	管理会	旧
〃	水谷財産区	宅地、墓地、溜池	管理会	旧
〃	高津橋財産区	原野、宅地、墓地、溜池	管理会	旧
〃	西河原財産区	墓地、溜池	管理会	旧
〃	新片財産区	宅地、墓地、溜池	なし	旧
〃	森友財産区	墓地	なし	旧
〃	吉田財産区	原野、宅地、墓地、溜池	管理会	旧
〃	上池財産区	墓地	なし	旧
〃	向井財産区	山林、原野、宅地、溜池	管理会	旧
〃	福中財産区	墓地、溜池	管理会	旧
〃	下村財産区	山林、墓地、田、溜池	管理会	旧
〃	黒田財産区	山林、田、溜池	なし	旧
〃	常本財産区	溜池	なし	旧
〃	中津財産区	田、溜池、宅地、墓地、山林	管理会	旧
〃	印路財産区	溜池、原野、墓地、山林	管理会	旧
〃	東財産区	田、溜池、宅地、墓地	管理会	旧
〃	南財産区	田、溜池、墓地	管理会	旧
〃	田井財産区	田、溜池、原野、宅地、墓地、山林	管理会	旧
〃	古神財産区	田、溜池、原野、宅地、墓地、山林	管理会	旧
〃	勝成財産区	墓地	なし	旧
〃	五百蔵財産区	墓地	なし	旧
〃	広谷財産区	溜池、原野、宅地、墓地	管理会	旧
〃	北財産区	溜池、原野、宅地、墓地	管理会	旧

市町村	財産区名	主な財産	機関形式	新・旧
〃	池田財産区	溜池、原野、墓地	管理会	旧
〃	柴合財産区	田、溜池、原野、墓地、山林	管理会	旧
〃	宝勢財産区	田、溜池、原野、宅地、墓地	管理会	旧
〃	印路財産区	溜池、墓地	なし	旧
〃	岩岡財産区	田、溜池、原野、宅地、墓地、山林	管理会	旧
〃	古郷財産区	溜池、原野、宅地、墓地	管理会	旧
〃	西脇財産区	溜池、墓地、宅地	なし	旧
〃	野中財産区	溜池、原野、墓地	管理会	旧
姫路市	置塩財産区	山林	管理会	新
〃	鹿谷財産区	山林	議会	新
〃	中寺財産区	山林	議会	新
〃	香呂財産区	山林	議会	新
〃	飾東財産区	山林	管理会	新
〃	船山財産区	山林	管理会	新
〃	伊勢財産区	山林	管理会	新
〃	坊勢財産区	山林	管理会	新
明石市	相生町外 14 ヶ町村財産区	無し	管理会	新
〃	大蔵谷村財産区	用水池・沼地	管理会	新
〃	中尾村財産区	用水池・沼地	管理会	新
〃	船上村財産区	宅地	管理会	新
〃	金ケ崎村財産区	用水池・沼地	管理会	新
〃	藤江村財産区	用水池・沼地	管理会	新
〃	江井島村財産区	用水池・沼地	管理会	新
〃	清水村財産区	用水池・沼地	管理会	新
〃	西脇村財産区	用水池・沼地	管理会	新
〃	八木村財産区	用水池・沼地	管理会	新
〃	西岡村財産区	用水池・沼地	管理会	新
〃	福田村財産区	用水池・沼地	管理会	新
〃	鳥羽村財産区	宅地	管理会	新
〃	東二見村財産区	用水池・沼地	管理会	新
〃	大窪村財産区	用水池・沼地	管理会	新
〃	谷八木村財産区	用水池・沼地	管理会	新
〃	大久保町財産区	用水池・沼地	管理会	新

市町村	財産区名	主な財産	機関形式	新・旧
〃	西二見村財産区	用水池・沼地	管理会	新
〃	長坂寺村財産区	用水池・沼地	管理会	新
〃	西島村財産区	用水池・沼地	管理会	新
〃	松陰村財産区	用水池・沼地	管理会	新
〃	森田村財産区	墓地	管理会	新
〃	松江村財産区	墓地	管理会	新
〃	和坂村財産区	宅地	管理会	新
〃	林村財産区	用水池・沼地	管理会	新
〃	福里村財産区	用水池・沼地	管理会	新
〃	松陰新田村財産区	用水池・沼地	管理会	新
〃	船町財産区	宅地	なし	
〃	西本町財産区	宅地	なし	
〃	材木町財産区	墓地	なし	
〃	西新町財産区	宅地	なし	
〃	細工町財産区	宅地	なし	
〃	小久保村財産区	墓地	なし	
〃	東魚町財産区	宅地	なし	
洲本市	由良財産区	山林	管理会	新
〃	納・鮎屋財産区	山林	管理会	新
〃	堺財産区	山林	管理会	新
芦屋市	打出芦屋財産区	山林	管理会	旧
〃	三条津知財産区	山林	総会	旧
伊丹市	鴻池財産区	用水池・沼地、墓地	管理会	
〃	荒牧財産区	用水池・沼地、墓地、雑種地	管理会	
〃	新田中野財産区	墓地	管理会	
〃	西桑津財産区	宅地	なし	
〃	下河原財産区	墓地、畑	なし	
〃	岩屋財産区	原野、墓地	なし	
〃	口酒井財産区	用水池・沼地	なし	
〃	森本財産区	宅地	なし	
〃	南野財産区	墓地	なし	
〃	山本財産区	宅地、墓地	なし	
〃	荻野財産区	用水池・沼地、墓地	なし	
〃	御願塚財産区	墓地	なし	

市町村	財産区名	主な財産	機関形式	新・旧
〃	野間財産区	墓地	なし	
〃	寺本財産区	墓地	なし	
〃	千僧昆陽財産区	墓地、境内地、雑種地	なし	
〃	千僧財産区	宅地、雑種地	なし	
〃	昆陽財産区	宅地、墓地	なし	
相生市	那波野財産区	用水池・沼地	なし	旧
豊岡市	城崎町湯島財産区	温泉	議会	旧
〃	高橋財産区	山林	議会	旧
〃	宮内財産区	山林	管理会	旧
〃	袴狭財産区	山林	管理会	旧
〃	口小野財産区	山林	管理会	旧
〃	奥小野財産区	山林	管理会	旧
〃	安良財産区	山林	管理会	旧
〃	田斉地財産区	山林	管理会	旧
加古川市	美乃利村財産区	墓地	管理会	
〃	西之山村財産区	溜池、公衆用道路	管理会	
〃	野口村財産区	墓地、溜池	管理会	
〃	坂井村財産区	宅地、墓地	管理会	
〃	坂元村財産区	宅地	管理会	
〃	上原村財産区	山林、保安林	管理会	
〃	見土呂村財産区	山林、保安林	管理会	
〃	国包村財産区	墓地、学校用地	管理会	
〃	小野村財産区	溜池、雑種地	なし	
〃	升田村財産区	墓地、井溝	管理会	
〃	西井ノ口村財産区	溜池、保安林	管理会	
〃	大国村財産区	山林、墓地	管理会	
〃	宮前村財産区	墓地、溜池	管理会	
〃	加古川町本町財産区	墓地、宅地	管理会	
〃	大野村財産区	墓地	管理会	
〃	溝之口村財産区	宅地、墓地	管理会	
〃	神野村財産区	用水池・沼地、溜池	管理会	
〃	石守村財産区	墓地、溜池	管理会	
〃	二屋村財産区	墓地、溜池	管理会	
〃	良野村財産区	溜池	管理会	

市町村	財産区名	主な財産	機関形式	新・旧
〃	北野村財産区	墓地、溜池	管理会	
〃	土山村財産区	墓地、溜池	管理会	
〃	中野村財産区	墓地	管理会	
〃	長田村財産区	原野、墓地	管理会	
〃	木村村財産区	墓地、溜池	管理会	
〃	中津村財産区		なし	
〃	栗津村財産区	墓地、公衆用道路	管理会	
〃	南備後村財産区	墓地	管理会	
〃	永室村財産区	原野、溜池	なし	
〃	志方町財産区	墓地、溜池	管理会	
〃	西中村財産区	溜池、雑種地	管理会	
〃	岡村財産区	墓地、溜池	管理会	
〃	行常村財産区	墓地、溜池	管理会	
〃	東中村財産区	墓地、溜池	管理会	
〃	原村財産区	山林、保安林	管理会	
〃	横大路村財産区	山林、保安林	管理会	
〃	新在家村財産区	墓地、溜池	管理会	
〃	山之上村財産区	墓地、溜池	管理会	
〃	八反田村財産区	墓地、溜池	管理会	
〃	養田村財産区	原野、墓地	管理会	
〃	稲屋村財産区	墓地、用悪水路	管理会	
〃	河原村財産区	墓地	管理会	
〃	西条村財産区	原野、溜池	管理会	
〃	福留村財産区	山林、溜池	管理会	
〃	古大内村財産区	溜池、田	管理会	
〃	長砂村財産区	溜池、雑種地	管理会	
〃	水足村財産区	墓地、溜池	管理会	
〃	高畑村財産区	墓地、溜池	管理会	
〃	二俣村財産区	墓地	管理会	
〃	一色村財産区	墓地	管理会	
〃	池田村財産区	墓地	管理会	
〃	口里村財産区	宅地、墓地	管理会	
〃	別府村財産区	墓地、溜池	管理会	
〃	野村村財産区	墓地、溜池	管理会	

市町村	財産区名	主な財産	機関形式	新・旧
〃	船頭村財産区	宅地、墓地	管理会	
〃	新野辺村財産区	墓地、溜池	管理会	
〃	下村村財産区	墓地、溜池	管理会	
〃	船町村財産区	墓地	管理会	
〃	山角村財産区	墓地、溜池	管理会	
〃	池尻村財産区	墓地、溜池	管理会	
〃	一本松村財産区	山林、墓地	管理会	
〃	中山村財産区	山林、墓地	管理会	
〃	北在家村財産区	宅地、墓地	管理会	
〃	平野村財産区	公衆用道路	管理会	
〃	西飯坂村財産区	保安林、溜池	管理会	
〃	上冨木村財産区	墓地、溜池	管理会	
〃	高畑村財産区	墓地、溜池	管理会	
〃	細工所村財産区	墓地、溜池	管理会	
〃	畑村財産区	山林、溜池	管理会	
〃	大宗村財産区	溜池、畑	管理会	
〃	成井村財産区	溜池、用悪水路	管理会	
〃	上西条村財産区	溜池、雑種地	管理会	
〃	養老村財産区	宅地、墓地	管理会	
〃	西山村財産区	墓地、溜池	管理会	
〃	神木村財産区	墓地、溜池	管理会	
〃	磐村財産区	山林、溜池	管理会	
〃	井ノ口村財産区	山林、溜池	管理会	
〃	薬栗村財産区	溜池、保安林	管理会	
〃	天下原村財産区	墓地、溜池	管理会	
〃	砂部村財産区	墓地	管理会	
〃	岸村財産区	原野、墓地	管理会	
〃	中西村財産区	公衆用道路	管理会	
〃	平津村財産区	墓地、溜池	管理会	
〃	今福村財産区	墓地、溜池	管理会	
〃	西脇村財産区	墓地	管理会	
〃	宗佐村財産区	墓地、溜池	管理会	
〃	中西条村財産区	溜池、雑種地	管理会	
〃	里村財産区	山林、原野	管理会	

市町村	財産区名	主な財産	機関形式	新・旧
〃	小畑村財産区	墓地、溜池	管理会	
〃	白沢村財産区	山林、溜池	管理会	
〃	都染村財産区	山林、雑種地	管理会	
〃	神吉村財産区	溜池、公衆用道路	管理会	
〃	出河原財産区		なし	
〃	辻村財産区	墓地、溜池	管理会	
〃	西村村財産区	宅地、雑種地	管理会	
〃	県村財産区	墓地、溜池	管理会	
〃	友沢村財産区	墓地、公衆用道路	管理会	
〃	備後村財産区	田	管理会	
〃	西牧村財産区	山林、保安林	管理会	
〃	野尻村財産区	山林、溜池	管理会	
〃	投松村財産区	墓地、溜池	なし	
〃	広尾村財産区	墓地、溜池	管理会	
〃	大沢村財産区	山林、溜池	管理会	
〃	東飯坂村財産区		管理会	
〃	山中村財産区		管理会	
〃	西山村財産区	保安林、溜池	管理会	
宝塚市	川面財産区	用水池・沼地、墓地	管理会	新
〃	小浜財産区	山林、原野、宅地、墓地、畑	管理会	新
〃	米谷財産区	山林、宅地、用水池•沼地、墓地、公衆用道路	管理会	新
〃	鹿塩財産区	宅地、用水池・沼地、墓地、畑	管理会	新
〃	鹿塩・東蔵人財産区	宅地、用水池・沼地、墓地、畑	管理会	新
〃	安倉財産区	墓地、道路	なし	新
〃	小林財産区	墓地	なし	新
〃	中山寺財産区	用水池・沼地、墓地	管理会	新
〃	中筋財産区	用水池・沼地、墓地	管理会	新
〃	山本財産区	宅地、用水池・沼地、墓地	管理会	新
〃	平井財産区	用水池・沼地、墓地、雑種地	管理会	新
三木市	大塚財産区	用水池・沼地	管理会	旧
〃	府内町財産区	用水池・沼地	管理会	旧
〃	福井町財産区	墓地	管理会	旧
〃	大塚町・宿原村財産区	用水池・沼地	管理会	旧
〃	宿原村財産区	用水池・沼地	管理会	旧

市町村	財産区名	主な財産	機関形式	新・旧
〃	平井村財産区	用水池・沼地	管理会	旧
〃	与呂木村財産区	用水池・沼地	管理会	旧
〃	長屋村財産区	用水池・沼地	なし	旧
〃	久留美村財産区	用水池・沼地	管理会	旧
〃	跡部村財産区	用水池・沼地	なし	旧
〃	加佐村財産区	用水池・沼地	管理会	旧
〃	平田村財産区	山林	管理会	旧
〃	大村村財産区	墓地	管理会	旧
〃	鳥町村財産区	用水池・沼地	管理会	旧
〃	加佐村・跡部村・平田村財産区	墓地	なし	旧
〃	久留美村・西村財産区	用水池・沼地	管理会	旧
〃	大村村・平田村財産区	用水池・沼地	管理会	旧
〃	与呂木村・平井村財産区		なし	旧
〃	高木村財産区	墓地	管理会	旧
〃	東這田村財産区	墓地	管理会	旧
〃	西這田村財産区	不明	管理会	旧
〃	花尻村財産区	墓地	管理会	旧
〃	石野村財産区	用水池・沼地	管理会	旧
〃	下石野村財産区	墓地	管理会	旧
〃	和田村財産区	用水池・沼地	管理会	旧
〃	正法寺村財産区	墓地	管理会	旧
〃	興治新田財産区	用水池・沼地	管理会	旧
〃	小林新田財産区	墓地	なし	旧
〃	高木村・福井町財産区	用水池・沼地	管理会	旧
〃	西這田村・花尻村財産区	用水池・沼地	なし	旧
〃	戸田村財産区	用水池・沼地	管理会	旧
〃	三津田村財産区	用水池・沼地	管理会	旧
〃	大谷村財産区	用水池・沼地	管理会	旧
〃	井上村財産区	用水池・沼地	管理会	旧
〃	窟屋村財産区	不明	管理会	旧
〃	細目村財産区	用水池・沼地	管理会	旧
〃	高男寺村財産区	用水池・沼地	管理会	旧
〃	四合谷村財産区	墓地	なし	旧
〃	志染中村財産区	用水池・沼地	管理会	旧

市町村	財産区名	主な財産	機関形式	新・旧
〃	安福田村財産区	用水池・沼地	管理会	旧
〃	吉田村財産区	用水池・沼地	管理会	旧
〃	瑞穂村財産区	用水池・沼地	なし	旧
〃	中里村財産区	用水池・沼地	なし	旧
〃	垂穂村財産区	用水池・沼地	管理会	旧
〃	増田村財産区	用水池・沼地	管理会	旧
〃	高篠村財産区	用水池・沼地	管理会	旧
〃	桃津村財産区	用水池・沼地	なし	旧
〃	金屋村財産区	用水池・沼地	管理会	旧
〃	細川中村財産区	用水池・沼地	なし	旧
〃	西村財産区	用水池・沼地	管理会	旧
〃	脇川村財産区	用水池・沼地	なし	旧
〃	高畑村財産区	墓地	なし	旧
〃	豊地村財産区	用水池・沼地	管理会	旧
〃	中里村・垂穂村財産区	用水池・沼地	なし	旧
〃	高篠村・金屋村・桃津村財産区	用水池・沼地	管理会	旧
〃	高篠村・桃津村財産区	用水池・沼地	なし	旧
〃	脇川村外４カ村財産区	用水池・沼地	なし	旧
〃	脇川村３カ村財産区	用水池・沼地	なし	旧
〃	久次村財産区	用水池・沼地	管理会	旧
〃	里脇村財産区	用水池・沼地	管理会	旧
〃	槙村財産区	用水池・沼地	管理会	旧
〃	大島村財産区	用水池・沼地	管理会	旧
〃	善祥寺村財産区	用水池・沼地	なし	旧
〃	笹原村財産区	用水池・沼地	なし	旧
〃	殿畑村財産区	用水池・沼地	管理会	旧
〃	南畑村財産区	用水池・沼地	管理会	旧
〃	桾原財産区	用水池・沼地	管理会	旧
〃	保木村財産区	用水池・沼地	管理会	旧
〃	馬場村財産区	用水池・沼地	管理会	旧
〃	蓮花寺村財産区	墓地	管理会	旧
〃	東村財産区	用水池・沼地	管理会	旧
〃	東中村財産区	用水池・沼地	管理会	旧
〃	西中村財産区	用水池・沼地	管理会	旧

市町村	財産区名	主な財産	機関形式	新・旧
〃	桃坂村財産区	用水池・沼地	管理会	旧
〃	久次村・里脇村・槙村財産区	用水池・沼地	管理会	旧
〃	久次村外３ヶ村財産区	用水池・沼地	なし	旧
〃	吉祥寺村・槙村財産区	用水池・沼地	なし	旧
〃	大島村・笹原村財産区	用水池・沼地	なし	旧
〃	大島村・南畑村財産区	用水池・沼地	なし	旧
〃	殿畑村・南畑村財産区	墓地	なし	旧
〃	椙原村・殿畑村財産区	用水池・沼地	管理会	旧
〃	蓮花寺村・西中村財産区	用水池・沼地	管理会	旧
〃	蓮花寺村・馬場村財産区	用水池・沼地	なし	旧
〃	桃坂村・西中村財産区	用水池・沼地	管理会	旧
〃	東中村・西中村財産区	用水池・沼地	管理会	旧
〃	大島村・笹原村・善祥寺村財産区	用水池・沼地	なし	旧
〃	大島村・善祥寺村財産区	墓地	なし	旧
三田市	三輪財産区	山林、雑種地	議会	新
篠山市	畑財産区	山林	議会	新
丹波市	山南町和田財産区	山林	議会	新
南あわじ市	福良財産区	山林	管理会	新
〃	北阿万財産区	山林	管理会	新
〃	阿万財産区	山林	議会	新
〃	沼島財産区	山林	管理会	新
〃	広田財産区	山林	管理会	新
朝来市	生野財産区	山林	管理会	新
〃	糸井財産区	山林	議会	新
〃	大蔵財産区	山林	議会	新
〃	東河財産区	山林	議会	新
〃	法道寺財産区	山林	管理会	新
〃	土田、平野、東谷財産区	山林	管理会	新
〃	竹田財産区	山林	管理会	新
〃	岡、芳賀野財産区	山林	管理会	新
〃	枚田財産区	山林	管理会	新
〃	高田財産区	山林	管理会	新
〃	和田山財産区	山林	管理会	新

市町村	財産区名	主な財産	機関形式	新・旧
〃	寺谷財産区	山林	管理会	新
〃	法興寺財産区	山林	管理会	新
〃	市御堂、比治財産区	山林	管理会	新
〃	桑原財産区	山林	管理会	新
〃	玉置財産区	山林	管理会	新
〃	簗瀬財産区	山林	議会	新
〃	中川財産区	山林	議会	新
〃	宮田財産区	山林	管理会	新
播磨町	本荘村財産区	用水池・沼地	なし	旧
〃	古宮村財産区	用水池・沼地	なし	旧
〃	二子村財産区	用水池・沼地	なし	旧
〃	野添村財産区	用水池・沼地	なし	旧
〃	大中村財産区	用水池・沼地	なし	旧
〃	古田村財産区	用水池・沼地	なし	旧
〃	宮西村財産区	墓地	なし	旧
市川町	川辺財産区	山林、原野、宅地	議会	新
〃	甘地財産区	山林、原野	議会	新
〃	瀬加財産区	山林、原野、宅地	議会	新
〃	鶴居財産区	山林、原野	議会	新
福崎町	八千種財産区	山林、原野、学校用地	議会	新
〃	田原財産区	山林、原野、雑種地	議会	新
〃	福崎財産区	山林、原野、宅地、墓地、雑種地、公道	議会	新
神河町	栗賀財産区	山林	議会	新
〃	大山財産区	山林	議会	新
〃	寺前財産区	山林	議会	
〃	長谷財産区	山林	議会	新
〃	越知財産区	山林	議会	
佐用町	久崎財産区	山林	議会	新
〃	石井財産区	山林	管理会	新
香美町	長井財産区	山林	管理会	新
〃	口佐津財産区	山林	管理会	新
〃	余部財産区	山林	管理会	新
新温泉町	湯財産区	宅地、鉱泉地	議会	
〃	西浜財産区		管理会	

市町村	財産区名	主な財産	機関形式	新・旧
〃	大庭財産区		管理会	
〃	八田財産区	山林、境内地	管理会	

27）奈良県

市町村	財産区名	主な財産	機関形式	新・旧
天理市	藤井町財産区	山林、宅地、墓地	なし	旧
〃	上仁興町財産区	山林、墓地	なし	旧
〃	下仁興町財産区	山林、墓地、田	なし	旧
〃	苣原町財産区	山林、墓地、宅地	なし	旧
〃	滝本町財産区	墓地	なし	旧
〃	内馬場町財産区	山林、墓地、溜池、堤	なし	旧
〃	布留町財産区	宅地	なし	旧
〃	豊井町財産区	墓地	なし	旧
〃	三島町財産区	宅地	議会	旧
〃	豊田町財産区	墓地、溜池、堤	なし	旧
〃	岩屋町財産区	墓地、溜池、堤	なし	旧
〃	石上町財産区	溜池、堤	なし	旧
〃	田部町財産区	宅地、溜池、堤	なし	旧
〃	別所町財産区	原野、宅地、墓地、溜池、堤	なし	旧
〃	田町財産区	宅地	なし	旧
〃	勾田町財産区	原野、溜池、堤	なし	旧
〃	御経野町財産区	溜池、堤	なし	旧
〃	杣之内町山口財産区	墓地、溜池、堤	なし	旧
〃	杣之内町木堂財産区	溜池、堤	なし	旧
〃	前栽町財産区	溜池、堤	なし	旧
〃	杉本町財産区	溜池、堤	なし	旧
〃	平等坊町財産区	溜池、堤	なし	旧
〃	小路町財産区	溜池、堤	なし	旧
〃	中町財産区	溜池、堤	なし	旧
〃	南六条町財産区	溜池、堤	なし	旧
〃	喜殿町財産区	溜池、堤	なし	旧
〃	上総町財産区	溜池、堤	なし	旧
〃	小田中町財産区	溜池、堤	なし	旧
〃	指柳町財産区	溜池、堤	なし	旧

市町村	財産区名	主な財産	機関形式	新・旧
〃	富堂町財産区	溜池、堤	なし	旧
〃	岩室町財産区	溜池、堤	なし	旧
〃	西井戸堂町財産区	溜池、堤	なし	旧
〃	九条町財産区	墓地、溜池、堤	なし	旧
〃	備前町財産区	溜池、堤	なし	旧
〃	合場町財産区	原野	なし	旧
〃	小島町財産区	溜池、堤	なし	旧
〃	庵治町財産区	溜池、堤	なし	旧
〃	嘉幡町財産区	溜池、堤	なし	旧
〃	南菅田町財産区	溜池、堤	なし	旧
〃	北菅田町財産区	溜池、堤	なし	旧
〃	上ノ庄町財産区	溜池、堤	なし	旧
〃	荒蒔町財産区	溜池、堤	なし	旧
〃	稲葉町財産区	溜池、堤	なし	旧
〃	佐保庄町財産区	溜池、堤	なし	旧
〃	三昧田町財産区	溜池、堤	なし	旧
〃	永原町財産区	溜池、堤	なし	旧
〃	長柄町財産区	墓地、溜池、堤	なし	旧
〃	兵庫町財産区	溜池、堤	なし	旧
〃	新泉町財産区	溜池、堤	なし	旧
〃	岸田町財産区	溜池、堤	なし	旧
〃	中山町財産区	溜池、堤	なし	旧
〃	成願寺町財産区	溜池、堤	なし	旧
〃	萱生町財産区	溜池、堤	なし	旧
〃	乙木町財産区	溜池、堤	なし	旧
〃	竹之内町財産区	溜池、堤	なし	旧
〃	園原町財産区	溜池、堤	なし	旧
〃	櫟本町財産区	溜池、堤	なし	旧
〃	楢町財産区	溜池、堤	なし	旧
〃	蔵之庄町財産区	溜池、堤	なし	旧
〃	森本町財産区	溜池、堤	なし	旧
〃	中之庄町財産区	宅地、原野、溜池、堤	なし	旧
〃	和爾町財産区	溜池、堤	なし	旧
〃	桧垣町財産区	溜池、堤	なし	旧

市町村	財産区名	主な財産	機関形式	新・旧
〃	遠田町財産区	溜池	なし	旧
〃	海知町財産区	溜池	なし	旧
〃	武蔵町財産区	溜池、堤	なし	旧
香芝市	五位堂財産区	用水池・沼地	総会	
〃	鎌田財産区	用水池・沼地	総会	
〃	良福寺財産区	用水池・沼地	総会	
〃	別所財産区	用水池・沼地	総会	
〃	瓦口財産区	用水池・沼地	総会	
〃	下田財産区	用水池・沼地	なし	
〃	北今市財産区	用水池・沼地	総会	
〃	狐井財産区	用水池・沼地	総会	
〃	五ヶ所財産区	用水池・沼地	総会	
〃	磯壁財産区	用水池・沼地	総会	
〃	畑財産区	用水池・沼地	総会	
〃	穴虫財産区	用水池・沼地	総会	
〃	関屋財産区	用水池・沼地	総会	
〃	田尻財産区	用水池・沼地	総会	
〃	高財産区	用水池・沼地	総会	
〃	上中財産区	用水池・沼地	総会	
〃	今泉財産区	用水池・沼地	総会	
〃	平野財産区	用水池・沼地	総会	
〃	尼寺財産区	用水池・沼地	総会	
宇陀市	内牧財産区	山林	議会	新
〃	檜牧財産区	山林	議会	新
〃	自明財産区	宅地、墓地	議会	新
〃	諸木野財産区	山林、用水池・沼地、墓地	議会	新
〃	赤埴財産区	山林、墓地	議会	新
〃	高井財産区	山林、墓地	議会	新
〃	荷阪財産区	山林、墓地	議会	新
〃	内牧財産区	山林、墓地、公衆用道路	議会	新
〃	菟田野第１財産区	山林	管理会	新
〃	菟田野第２財産区	山林	管理会	新
斑鳩町	龍田財産区	用水池・沼地	議会	新
御杖村	神末財産区	山林	議会	

市町村	財産区名	主な財産	機関形式	新・旧
〃	菅野財産区	山林	議会	
〃	土屋原財産区	山林	議会	
〃	桃俣財産区	山林	議会	
天川村	洞川財産区	山林	議会	新
野迫川村	今井財産区	山林	議会	旧
〃	立里財産区	不明	議会	旧
〃	池津川財産区	山林、宅地	議会	旧
〃	北股財産区	山林、墓地	議会	旧
〃	柞原財産区	山林、宅地、墓地	議会	旧
〃	中財産区	山林、宅地、墓地	議会	旧
〃	上財産区	山林、墓地	議会	旧
〃	平財産区	山林、墓地	議会	旧
〃	北今西財産区	山林、墓地	議会	旧
〃	檜股財産区	山林、墓地	議会	旧
〃	弓手原財産区	山林、宅地、墓地	議会	旧
〃	中津川財産区	山林、宅地、墓地	議会	旧
〃	今井、柞原、中、上財産区	山林	議会	旧
十津川村	二津野財産区	山林	なし	新
〃	猿飼財産区	山林	なし	新
〃	上葛川財産区	山林	なし	新
〃	迫西川財産区	山林	なし	新

28）和歌山県

市町村	財産区名	主な財産	機関形式	新・旧
橋本市	山田地区財産区	山林	議会	新
〃	山田吉原財産区	山林	議会	新
〃	恋野財産区	山林	議会	新
有田市	初島財産区	山林、原野、宅地、墓地	管理会	新
田辺市	四村川財産区	山林、宅地、温泉	管理会	新
紀の川市	池田財産区	山林	管理会	新
〃	田中財産区	山林	管理会	新
〃	長田竜門財産区	山林	管理会	新
〃	竜門財産区	山林	管理会	新
〃	南北志野財産区	山林	管理会	旧

市町村	財産区名	主な財産	機関形式	新・旧
〃	鎌垣財産区	山林	議会	新
〃	鞆渕山林財産区	山林	議会	新
〃	龍王財産区	山林	議会	新
〃	飯盛財産区	山林	管理会	新
〃	静川財産区	山林	管理会	新
〃	最上・神田・市場・元財産区	山林	管理会	新
〃	平池財産区	用水池・沼地	管理会	新
〃	丸栖財産区		管理会	新
〃	調月財産区	山林	管理会	新
高野町	富貴財産区	山林	管理会	新
有田川町	岩倉財産区	山林	管理会	新
〃	粟生財産区	山林	管理会	新
〃	城山山林財産区	山林	管理会	新
〃	八幡山林財産区	山林	管理会	新
〃	安諦山林財産区	山林	管理会	新
美浜町	松原財産区	雑種地	管理会	新
〃	和田財産区	山林	管理会	新
〃	三尾財産区	山林	管理会	新
日高町	比井崎財産区	山林	管理会	新
〃	志賀財産区	山林	管理会	新
〃	久志財産区	山林	管理会	新
〃	中志賀財産区	山林	管理会	新
〃	下志賀財産区	山林	管理会	新
日高川町	矢田財産区	山林、用水池・沼地、保安林	管理会	新
〃	川上財産区	山林、保安林	議会	新
〃	寒川財産区	山林、保安林	議会	新
上富田町	市ノ瀬財産区	山林、預金	議会	新
〃	生馬財産区	山林、預金	議会	新
〃	朝来財産区	山林、預金	管理会	新
串本町	串本財産区	山林	管理会	新
〃	潮岬財産区	山林、原野	管理会	新
〃	出雲財産区	山林	管理会	新
〃	有田財産区	山林	議会	新
〃	田並財産区	山林	管理会	新

市町村	財産区名	主な財産	機関形式	新・旧
〃	和深財産区	山林	管理会	新
〃	古座地区財産区	山林	管理会	新
〃	西向地区財産区	山林	管理会	新
〃	田原地区財産区	山林	管理会	新

29）鳥取県

市町村	財産区名	主な財産	機関形式	新・旧
鳥取市	宇倍野財産区	有価証券（株券）	管理会	新
〃	小河内財産区	山林	管理会	新
〃	八上財産区	山林	管理会	新
〃	北財産区	山林	管理会	新
〃	大村財産区	山林	管理会	新
〃	鷹狩財産区	山林	管理会	新
〃	美成財産区	山林	管理会	新
〃	赤波財産区	山林	管理会	新
〃	用瀬財産区	山林	管理会	新
〃	別府財産区	山林	管理会	新
〃	社財産区	山林	管理会	新
〃	金屋財産区	山林	管理会	新
〃	樟原財産区	山林	管理会	新
〃	川中財産区	山林	管理会	新
〃	川中樟原財産区	山林	管理会	新
〃	宮原財産区	山林	管理会	新
〃	川中樟原宮原財産区	山林	管理会	新
〃	安蔵財産区	山林	管理会	新
〃	屋住財産区	山林	管理会	新
〃	江波財産区	山林	管理会	新
〃	家奥財産区	山林	管理会	新
〃	古用瀬財産区	山林	管理会	新
〃	古市財産区	山林	管理会	新
〃	葛谷上葛谷財産区	山林	管理会	新
〃	古市大井財産区	山林	管理会	新
〃	刈地財産区	山林	管理会	新
〃	津無財産区	山林	管理会	新

市町村	財産区名	主な財産	機関形式	新・旧
〃	津野財産区	山林	管理会	新
〃	大井財産区	山林	管理会	新
〃	森坪財産区	山林	管理会	新
〃	葛谷財産区	山林	管理会	新
〃	上葛谷財産区	山林	管理会	新
〃	高山財産区	山林	管理会	新
〃	高山津野財産区	山林	管理会	新
〃	加瀬木財産区	山林	管理会	新
〃	万蔵財産区	山林	管理会	新
〃	大水財産区	山林	管理会	新
〃	小田財産区	山林	管理会	新
〃	細尾財産区	山林	管理会	新
〃	畑財産区	山林	管理会	新
〃	つく谷財産区	山林	管理会	新
〃	河本財産区	山林	管理会	新
〃	余戸財産区	山林	管理会	新
〃	尾際財産区	山林	管理会	新
〃	中財産区	山林	管理会	新
〃	福園財産区	山林	管理会	新
〃	福園畑つく谷財産区	山林	管理会	新
〃	栃原財産区	山林	管理会	新
〃	下大井財産区	山林	管理会	新
〃	鹿野町財産区	山林	議会	新
〃	日置財産区	山林	管理会	旧
〃	日置谷財産区	山林	管理会	旧
〃	中郷財産区	山林	管理会	旧
〃	青谷財産区	山林	管理会	旧
〃	勝部財産区	山林	管理会	旧
米子市	伯仙財産区	原野	管理会	新
倉吉市	高城財産区	山林	管理会	新
〃	小鴨財産区	山林	管理会	新
〃	北谷財産区	山林	管理会	新
〃	上北条財産区	山林	管理会	新
若桜町	吉川財産区		管理会	

市町村	財産区名	主な財産	機関形式	新・旧
〃	落折財産区		管理会	
〃	小船財産区		管理会	
〃	糸白見財産区		管理会	
〃	根安財産区		管理会	
〃	つく米財産区		管理会	
〃	大炊財産区		管理会	
〃	岸野財産区		管理会	
〃	湯原財産区		管理会	
〃	渕見財産区		管理会	
〃	茗荷谷財産区		管理会	
〃	諸鹿財産区		管理会	
〃	香田財産区		管理会	
〃	長砂財産区		管理会	
〃	内町財産区		管理会	
〃	赤松財産区		管理会	
〃	来見野財産区		管理会	
〃	屋堂羅財産区		管理会	
〃	角谷財産区		管理会	
〃	馬場財産区		管理会	
〃	栃原財産区		管理会	
〃	岩屋堂財産区		管理会	
〃	須澄財産区		管理会	
〃	大野財産区		管理会	
〃	加地財産区		管理会	
〃	中原財産区		管理会	
〃	上高野財産区		管理会	
〃	高野財産区		管理会	
〃	浅井財産区		管理会	
〃	若桜財産区		管理会	
〃	三倉財産区		管理会	
〃	西河内財産区		管理会	
智頭町	智頭財産区	山林	議会	
〃	山形財産区	山林	議会	
〃	那岐財産区	山林	議会	

市町村	財産区名	主な財産	機関形式	新・旧
〃	土師財産区	山林	議会	
〃	富沢財産区	山林	議会	
〃	山郷財産区	山林	議会	
〃	智頭財産区	山林	議会	
〃	芦津財産区	山林	議会	
〃	市瀬財産区	山林	議会	
〃	南方財産区	山林	議会	
八頭町	大江財産区	山林	議会	旧
〃	上私都財産区	山林	管理会	新
〃	市場、覚王寺財産区	山林	管理会	新
〃	上津黒、下津黒財産区	山林	管理会	新
〃	別府財産区	山林	管理会	新
〃	篠波財産区	山林	管理会	新
〃	安部財産区	山林	管理会	新
三朝町	小鹿財産区	山林	管理会	新
〃	三徳財産区	山林	管理会	新
〃	三朝財産区	山林、原野、用水池・沼地	管理会	新
〃	旭財産区	山林	管理会	新
〃	竹田財産区	山林	管理会	新
湯梨浜町	橋津財産区	原野	管理会	旧
〃	長瀬財産区	原野	管理会	旧
〃	宇野財産区	原野	管理会	旧
〃	舎人財産区	原野	管理会	旧
〃	東郷財産区	原野	管理会	旧
〃	花見財産区	原野	管理会	旧
琴浦町	赤碕財産区	墓地	管理会	新
〃	以西財産区	山林	議会	新
〃	八橋財産区	山林、原野、宅地	管理会	
〃	浦安財産区	山林、原野、宅地	管理会	
〃	下郷財産区	山林、原野、宅地、墓地	管理会	
〃	上郷財産区	山林、原野、宅地、墓地	管理会	
〃	古布庄財産区	山林、原野、宅地、墓地	管理会	
〃	成美財産区	山林	管理会	新
〃	安田財産区	山林	管理会	新

市町村	財産区名	主な財産	機関形式	新・旧
北栄町	栄財産区	山林	管理会	新
大山町	中山財産区	山林	議会	新
〃	上中山財産区	山林	議会	新
〃	下中山財産区	山林	議会	新
〃	逢坂財産区	山林	議会	新
南部町	東長田財産区	山林	管理会	新
江府町	神奈川財産区	山林	管理会	新
〃	江尾財産区	山林	管理会	新
〃	米沢財産区	山林	管理会	新

30）島根県

市町村	財産区名	主な財産	機関形式	新・旧
松江市	恵曇財産区	山林	管理会	
〃	講武財産区	山林	管理会	
〃	御津財産区	山林	管理会	
〃	佐太財産区	山林	管理会	
益田市	匹見財産区	山林、保安林	管理会	新
浜田市	美川財産区	山林	管理会	旧
安来市	母里財産区	山林	管理会	旧
〃	井尻財産区	山林	管理会	旧
〃	赤尾財産区	山林	管理会	新
雲南市	幡屋財産区	山林	管理会	新
隠岐郡	中財産区	山林	管理会	新

31）岡山県

市町村	財産区名	主な財産	機関形式	新・旧
岡山市	網浜財産区	墓地	なし	旧
〃	青江財産区	墓地	なし	旧
〃	飽浦財産区	用水池・沼地、墓地	なし	旧
〃	岩田町財産区	宅地	なし	旧
〃	泉田財産区	墓地	なし	旧
〃	今村財産区（今村大字今村）	墓地	なし	旧
〃	今保財産区	墓地	なし	旧
〃	今谷財産区	墓地	なし	旧

市町村	財産区名	主な財産	機関形式	新・旧
〃	今在家財産区	公衆用道路	なし	旧
〃	東古松財産区（東古松総持）	墓地	なし	旧
〃	東古松財産区（東古松村・西古松村総持）	墓地	なし	旧
〃	厳井財産区（厳井村外８ヶ町）	墓地	なし	旧
〃	米倉財産区	墓地	なし	旧
〃	万倍財産区	墓地	なし	旧
〃	百枝月財産区	山林、墓地、保安林	なし	旧
〃	才崎財産区	雑種地	なし	旧
〃	矢津財産区（奥矢津）	山林	なし	旧
〃	穴甘財産区	墓地	なし	旧
〃	一宮財産区	墓地	なし	旧
〃	辛川市場、新町財産区	墓地	なし	旧
〃	西辛川財産区	山林、原野	なし	旧
〃	一宮、山崎財産区	墓地	なし	旧
〃	今岡財産区	墓地	なし	旧
〃	尾上財産区	山林、墓地	なし	旧
〃	辛川市場財産区	山林、墓地	なし	旧
〃	首部財産区	墓地	なし	旧
〃	佐山財産区	墓地	なし	旧
〃	稲荷財産区	墓地	なし	旧
〃	加茂財産区	墓地、宅地	なし	旧
〃	宮内区財産区	山林、畑	なし	旧
〃	小山財産区	墓地	なし	旧
〃	新庄上財産区	墓地	なし	旧
〃	新庄下財産区	墓地	なし	旧
〃	立田財産区	保安林	なし	旧
〃	沢田財産区	墓地	なし	旧
〃	新道財産区	宅地	なし	旧
〃	高塚財産区	宅地	なし	旧
〃	高松田中財産区	原野	なし	旧
〃	新庄上、新庄下財産区	原野	なし	旧
〃	津寺財産区	墓地	なし	旧

市町村	財産区名	主な財産	機関形式	新・旧
〃	門前財産区	宅地、墓地	なし	旧
〃	田中外５財産区	山林	なし	旧
〃	惣瓜外 15・真金外６村財産区	提塘	なし	旧
〃	下撫川外２村・庭瀬外５村財産区	提塘	なし	旧
〃	妹尾財産区	用水池・沼地、墓地、雑種地、学校用地	なし	旧
〃	川入財産区	山林、墓地	なし	旧
〃	納所財産区	墓地	なし	旧
〃	大内田財産区	用悪水路	なし	旧
〃	妹尾崎財産区	雑種地	なし	旧
〃	山田財産区	墓地	なし	旧
〃	草ヶ部財産区	原野、山林、墓地	なし	旧
〃	上道北方財産区	山林、原野、墓地、宅地	なし	旧
〃	谷尻財産区	墓地、原野	なし	旧
〃	中尾財産区	山林、原野	なし	旧
〃	沼財産区	墓地、山林	なし	旧
〃	南古都財産区	原野、墓地	なし	旧
〃	東平島財産区	墓地、原野	なし	旧
〃	栗井財産区	溜池	なし	旧
〃	石妻財産区	山林	なし	旧
〃	大井財産区	墓地、井溝	なし	旧
〃	上足守財産区	用水池・沼地、墓地	なし	旧
〃	上土田財産区	墓地	なし	旧
〃	上高田財産区	墓地、溜池	なし	旧
〃	河原財産区	墓地	なし	旧
〃	掛畑財産区	墓地	なし	旧
〃	吉財産区	墓地	なし	旧
〃	西山内財産区	溜池	なし	旧
〃	東山内財産区	墓地	なし	旧
〃	日近財産区	用水池・沼地、墓地	なし	旧
〃	間倉財産区	山林、墓地	なし	旧
〃	真星財産区	墓地	なし	旧
〃	山上財産区	墓地	なし	旧

市町村	財産区名	主な財産	機関形式	新・旧
〃	富原財産区	山林	なし	旧
〃	横井上財産区	墓地	なし	旧
〃	横井上・田益財産区	宅地	なし	旧
〃	高野財産区	雑種地	なし	旧
〃	高野中山組財産区	悪用水路	なし	旧
〃	一宮・西辛川財産区	保安林	なし	旧
〃	真金村馬場財産区	墓地	なし	旧
〃	浅尾、服部、生石村財産区	用悪水路	なし	旧
〃	栢谷財産区	原野、溜池、堤	なし	旧
〃	富吉財産区（本村）	墓地	なし	旧
〃	富吉財産区（風林）	墓地	なし	旧
〃	高松原古才財産区	墓地	なし	旧
〃	津高財産区	墓地	なし	旧
〃	矢井財産区	墓地	なし	旧
〃	吉井財産区	宅地	なし	旧
〃	浦間財産区	山林、墓地、保安林、堤	なし	旧
〃	西平島財産区	墓地	なし	旧
〃	一日市財産区	用水池・沼地、堤	なし	旧
〃	西祖財産区	墓地	なし	旧
〃	寺山財産区	用水池・沼地、提	なし	旧
〃	竹原財産区	山林	なし	旧
〃	東花尻財産区	山林	なし	旧
〃	真金村外６ヶ村財産区	提	なし	旧
〃	庭瀬村外５ヶ村・下撫川村外２ヶ村財産区	提	なし	旧
〃	向条・下条財産区	墓地	なし	旧
〃	下足守財産区	墓地	なし	旧
〃	芳賀財産区	公衆用道路	なし	旧
〃	日畑東組財産区	宅地、雑種地	なし	旧
〃	楢津財産区	墓地	なし	旧
〃	簑島財産区	山林、墓地	なし	旧
〃	楢原財産区	墓地	なし	旧
〃	日応寺財産区	保安林	なし	旧
〃	平野・延友・庭瀬財産区	雑種地	なし	旧

市町村	財産区名	主な財産	機関形式	新・旧
〃	西畦財産区	墓地	なし	旧
〃	古都宿財産区（宿村）	山林、墓地、溜池	なし	旧
〃	古都宿・藤井・鉄財産区	保安林	なし	旧
〃	元下撫川村外６ヶ村財産区	堤	なし	旧
〃	古都南方財産区	山林、原野、溜池、公衆用道路	なし	旧
〃	穴甘財産区（穴甘村）	山林、墓地、溜池	なし	旧
〃	穴甘財産区（穴甘の内本村、宿の内井寺）	雑種地、公衆用道路	なし	旧
〃	矢津財産区（口矢津）	山林、畑、保安林	なし	旧
〃	穴甘財産区(穴甘村本村、口矢津、宿村井寺)	保安林	なし	旧
〃	鉄財産区	墓地、宅地、山林	なし	旧
〃	藤井財産区	山林、墓地	なし	旧
〃	藤井・鉄財産区	山林	なし	旧
〃	中川町財産区	山林、墓地	なし	旧
〃	目黒町財産区	山林、墓地、保安林	なし	旧
〃	大多羅町財産区	墓地	なし	旧
〃	政津財産区	宅地	なし	旧
〃	君津外３ヶ村財産区（君津、升田、豊田）	墓地	なし	旧
〃	九蟠財産区	墓地	なし	旧
〃	金岡財産区	宅地、墓地	なし	旧
〃	広谷財産区	墓地	なし	旧
〃	浅越財産区	山林、宅地、墓地、畑	なし	旧
〃	河本町財産区（大字原惣持）	墓地、雑種地	なし	旧
〃	西大寺門前財産区	墓地	なし	旧
〃	西大寺射越財産区	墓地	なし	旧
〃	西大寺新地財産区	墓地	なし	旧
〃	乙子財産区	山林	なし	旧
〃	神崎町財産区	山林、墓地	なし	旧
〃	富吉財産区（山内）	墓地	なし	旧
〃	富吉財産区（上風林）	墓地	なし	旧
〃	富吉財産区（東ノ條）	山林、宅地	なし	旧
〃	三寺、原古才、高松財産区	堤	なし	旧

市町村	財産区名	主な財産	機関形式	新・旧
〃	松新町財産区	宅地	なし	旧
〃	西庄財産区	墓地	なし	旧
〃	西大寺、松崎財産区	山林、宅地、墓地	なし	旧
〃	富崎財産区	墓地	なし	旧
〃	久保財産区	墓地、公衆用道路、井溝	なし	旧
〃	西大寺新財産区	境内地	なし	旧
〃	邑久郷財産区	山林、原野、雑種地、溜池	なし	旧
〃	南水門町財産区	山林、雑種地	なし	旧
〃	水門町財産区（南幸田総持）	墓地、雑種地	なし	旧
〃	東幸西財産区	雑種地	なし	旧
〃	東幸崎財産区	原野	なし	旧
〃	幸地崎財産区	宅地	なし	旧
〃	東片岡財産区	山林、原野、溜池	なし	旧
〃	西片岡財産区	保安林	なし	旧
〃	久々井財産区	山林、原野、宅地	なし	旧
〃	犬島財産区	山林、原野、宅地、用水池・沼地、墓地	なし	旧
〃	西大寺一宮財産区	山林	なし	旧
〃	宿毛財産区	宅地、墓地	なし	旧
〃	上阿知財産区	山林、宅地、用水池・沼地、墓地、保安林	なし	旧
〃	下阿知財産区	山林、保安林	なし	旧
〃	東幸西、西幸西財産区	原野	なし	旧
〃	神崎町外３財産区（乙子・東幸西・西幸西）	原野	なし	旧
〃	西幸西外５財産区（東幸西、北幸田、水門町、南水門町、東幸崎）	原野、提	なし	旧
〃	神崎町外 11 財産区	原野、提	なし	旧
〃	神崎町外８財産区	雑種地	なし	旧
〃	北幸田外３財産区（邑久郷、水門町、南水門町）	原野	なし	旧
〃	北幸田外３財産区（水門町、南水門町、東幸崎）	公衆用道路	なし	旧
〃	水門町外５財産区	雑種地	なし	旧
〃	東幸崎、南水門町財産区	雑種地	なし	旧

市町村	財産区名	主な財産	機関形式	新・旧
〃	邑久郷・乙子・神崎財産区	学校用地	なし	旧
〃	北幸田財産区	雑種地	なし	旧
〃	金田財産区	井溝	なし	旧
〃	西大寺五明財産区	墓地	なし	旧
〃	西幸西財産区	宅地	なし	旧
〃	吉原財産区	宅地	なし	旧
〃	西幸崎財産区	原野	なし	旧
〃	西大寺財産区	公衆用道路	なし	旧
〃	中野財産区	宅地	なし	旧
〃	西大寺浜財産区	墓地	なし	旧
〃	豊田財産区	墓地	なし	旧
〃	福崎財産区	墓地	なし	旧
〃	富原組財産区	山林	なし	旧
〃	吉田財産区	山林	管理会	旧
〃	下谷財産区	山林	管理会	旧
〃	上建部財産区	山林	議会	新
〃	建部財産区	山林	議会	新
〃	厳井財産区（大字岩井）	墓地	なし	旧
〃	厳井財産区（西崎組総持）	用水池・沼地	なし	旧
〃	厳井財産区（本村総持）	墓地		旧
〃	厳井財産区（厳井村外6ヶ村38ヶ町）	墓地		旧
〃	厳井財産区（厳井村外8ヶ村42ヶ町）	墓地		旧
〃	厳井財産区（厳井村外1市2ヶ村24部落）	墓地		旧
〃	小畑町財産区	墓地		旧
〃	小原町財産区	宅地		旧
〃	岡田財産区	宅地		旧
〃	奥田財産区	墓地、雑種地		旧
〃	雄町財産区（雄町総持）	墓地		旧
〃	上石井財産区	宅地、田		旧
〃	門田財産区	墓地		旧
〃	金山寺財産区（大字金山寺）	山林、保安林		旧

市町村	財産区名	主な財産	機関形式	新・旧
〃	乙多見財産区	宅地	なし	旧
〃	上伊福財産区（上伊福村総持）	墓地	なし	旧
〃	上伊福財産区（上伊福村外5ヶ村32ヶ町）	墓地	なし	旧
〃	北方財産区	墓地	なし	旧
〃	北長瀬財産区	宅地	なし	旧
〃	祈園財産区	墓地	なし	旧
〃	北浦財産区（北浦惣持）	山林、墓地、保安林	なし	旧
〃	久米財産区	墓地	なし	旧
〃	倉田財産区	宅地	なし	旧
〃	倉益財産区	宅地	なし	旧
〃	高野尻財産区	山林、保安林	なし	旧
〃	国府市場財産区	田	なし	旧
〃	郡財産区	山林、用水池•沼地、墓地、溜池、保安林	なし	旧
〃	栄町財産区（市中総持）	宅地	なし	旧
〃	島田財産区	田	なし	旧
〃	新保財産区	墓地	なし	旧
〃	白石財産区	墓地	なし	旧
〃	宿財産区	山林、墓地	なし	旧
〃	下牧財産区（下牧村総持）	山林、墓地、保安林	なし	旧
〃	下牧財産区（下牧金山寺）	山林、保安林	なし	旧
〃	下牧財産区（大字下牧総持）	保安林	なし	旧
〃	下牧財産区（下牧総持）	保安林	なし	旧
〃	下牧財産区（金山寺村総持）	山林	なし	旧
〃	清水財産区	原野、墓地	なし	旧
〃	清水財産区（藤原村外9ヶ部落総持）	田	なし	旧
〃	賞田財産区	宅地、墓地	なし	旧
〃	四御神財産区	山林、宅地、墓地	なし	旧
〃	下財産区	宅地、墓地	なし	旧
〃	洲崎財産区	墓地	なし	旧
〃	大供財産区	墓地	なし	旧
〃	竹田財産区	宅地、墓地	なし	旧

市町村	財産区名	主な財産	機関形式	新・旧
〃	高柳財産区	墓地	なし	旧
〃	大安寺財産区（本村総持）	宅地	なし	旧
〃	大安寺財産区（本村正野組総持）	墓地	なし	旧
〃	玉柏財産区（玉柏村総持）	墓地	なし	旧
〃	玉柏財産区（河本組）	堤	なし	旧
〃	玉柏財産区（平瀬組）	山林、宅地	なし	旧
〃	玉柏財産区（大字玉柏）	山林、墓地、畑、保安林	なし	旧
〃	玉柏財産区（大字玉柏宮本組）	山林	なし	旧
〃	玉柏財産区（宮本組）	山林	なし	旧
〃	玉柏財産区（玉柏村の内河本組）	山林	なし	旧
〃	玉柏財産区（玉柏村の内宮本組）	山林、保安林	なし	旧
〃	玉柏財産区（玉柏宮本組）	山林	なし	旧
〃	玉柏宮本財産区（大字宮本）	墓地	なし	旧
〃	玉柏財産区（玉柏平瀬組）	山林、宅地	なし	旧
〃	高屋財産区	宅地	なし	旧
〃	高島新屋敷財産区	宅地	なし	旧
〃	津倉町四丁目財産区（上伊福村総持）	墓地	なし	旧
〃	津島財産区（大字津島外６ヶ村41ヶ町）	墓地	なし	旧
〃	津島財産区（本村総持）	墓地	なし	旧
〃	津島財産区（津島村総持）	墓地	なし	旧
〃	津島財産区（市場奥坂総持）	墓地	なし	旧
〃	土田財産区（大字土田惣持）	山林、宅地、墓地、保安林	なし	旧
〃	富田町財産区	宅地	なし	旧
〃	十日市財産区	墓地	なし	旧
〃	七日市財産区	宅地	なし	旧
〃	中島財産区	宅地、墓地	なし	旧
〃	中仙道財産区	墓地	なし	旧
〃	中牧財産区（字郷組）	山林	なし	旧

市町村	財産区名	主な財産	機関形式	新・旧
〃	中牧財産区（大字中牧字郷組惣持）	宅地	なし	旧
〃	中牧財産区（郷組）	原野、保安林	なし	旧
〃	中牧財産区（中牧村惣持）	宅地	なし	旧
〃	中井財産区	宅地	なし	旧
〃	長岡財産区	宅地	なし	旧
〃	長利財産区（大字長利惣持）	山林、宅地、墓地	なし	旧
〃	長利財産区（南方４ヶ部落惣持）	原野	なし	旧
〃	西中島町財産区	宅地	なし	旧
〃	西古松財産区	墓地	なし	旧
〃	西川原財産区	宅地、墓地	なし	旧
〃	野田財産区	墓地	なし	旧
〃	野殿財産区	宅地	なし	旧
〃	花尻財産区	山林	なし	旧
〃	浜野財産区	墓地	なし	旧
〃	原財産区（大字原）	山林、宅地、墓地、保安林	なし	旧
〃	畑鮎財産区（大字玉柏平瀬組）	山林	なし	旧
〃	畑鮎財産区（畑組）	山林、宅地、保安林	なし	旧
〃	畑鮎財産区（大字金山寺）	山林、保安林	なし	旧
〃	畑鮎財産区（鮎帰組）	山林、保安林、田	なし	旧
〃	広瀬町財産区	墓地	なし	旧
〃	東川原財産区	宅地、墓地	なし	旧
〃	平田財産区	墓地	なし	旧
〃	福田財産区	墓地	なし	旧
〃	福泊財産区	田	なし	旧
〃	万成財産区（大字万成）	山林、墓地、保安林、雑種地	なし	旧
〃	万成財産区（万成村外６ヶ村 38 ヶ町）	墓地	なし	旧
〃	円山財産区（円山・山崎総持）	墓地	なし	旧
〃	円山財産区（円山村総持）	墓地	なし	旧
〃	南方財産区	宅地	なし	旧
〃	三野財産区	山林、宅地	なし	旧
〃	湊財産区	山林、宅地、公園、畑	なし	旧

市町村	財産区名	主な財産	機関形式	新・旧
〃	海吉財産区	墓地	なし	旧
〃	宮浦財産区	山林、原野、墓地、保安林、堤、用悪水路、溜池	なし	旧
〃	牟佐財産区（牟佐、穂崎）	山林、保安林	なし	旧
〃	牟佐財産区（牟佐、馬屋、穂崎）	山林、保安林	なし	旧
〃	牟佐財産区（牟佐）	山林、保安林	なし	旧
〃	牟佐財産区（地蔵）	墓地	なし	旧
〃	牟佐財産区（宍甘総持）	墓地	なし	旧
〃	牟佐財産区（宍甘の内地蔵総持）	山林	なし	旧
〃	牟佐財産区（大久保）	山林	なし	旧
〃	山科町財産区	墓地	なし	旧
〃	矢坂財産区（本村総持）	宅地	なし	旧
〃	矢坂財産区（本村矢坂組総持）	山林	なし	旧
〃	矢坂財産区（大安寺矢坂組）	山林、宅地	なし	旧
〃	湯迫財産区	原野、墓地	なし	旧
〃	米田財産区	山林、墓地	なし	旧
〃	上中野財産区	墓地	なし	旧
〃	西市財産区	墓地	なし	旧
〃	西島田町財産区	墓地	なし	旧
〃	当新田財産区	墓地	なし	旧
〃	福浜財産区	用悪水路	なし	旧
〃	上出石財産区	田	なし	旧
〃	福島、福富財産区	墓地	なし	旧
〃	下中野、西市財産区	墓地	なし	旧
〃	中牧財産区（十谷組）	保安林	なし	旧
〃	田中財産区	墓地	なし	旧
〃	下中野財産区	墓地	なし	旧
〃	角山村財産区	雑種地	なし	旧
〃	三手財産区	雑種地	なし	旧
〃	苔山財産区	墓地	なし	旧
倉敷市	酒津財産区	山林	管理会	旧
〃	水江財産区	山林	管理会	旧

市町村	財産区名	主な財産	機関形式	新・旧
〃	酒津・水江共有財産区	山林	管理会	旧
〃	児島赤崎財産区	山林	管理会	旧
〃	菰池財産区	山林	管理会	旧
〃	児島通生財産区	山林	管理会	旧
〃	児島味野財産区	山林	管理会	旧
〃	児島柳田町財産区	山林	管理会	旧
〃	木見財産区	山林	管理会	旧
〃	尾原財産区	山林	管理会	旧
〃	福江財産区	山林	管理会	旧
〃	曾原財産区	山林	管理会	旧
〃	串田財産区	山林	管理会	旧
〃	尾原・児島上之町・児島下の町財産区	山林	管理会	旧
〃	児島下の町財産区	山林	管理会	旧
〃	児島上之町財産区	山林	管理会	旧
〃	児島小川町財産区	山林	管理会	旧
〃	児島稗田町財産区	山林	管理会	旧
〃	児島稗田・児島小川町財産区	山林	管理会	旧
〃	児島上之町・児島下の町財産区	山林	管理会	旧
〃	児島田の口•児島下の町•児島上之町財産区	山林	管理会	旧
〃	児島由加財産区	山林	管理会	旧
〃	児島塩生財産区	山林	管理会	旧
〃	児島唐琴町財産区	山林	管理会	旧
〃	児島田の口財産区	山林	管理会	旧
〃	児島宇野津財産区	山林	管理会	旧
〃	真備町箭田財産区	山林	管理会	旧
〃	真備町薗財産区	山林	管理会	旧
津山市	吉見山財産区	山林	管理会	新
〃	大崎財産区	山林、牧場	管理会	新
〃	田邑財産区	山林	管理会	新
〃	高田財産区	山林	管理会	新
〃	東一宮財産区	山林	管理会	旧
〃	河辺財産区	山林	管理会	新

市町村	財産区名	主な財産	機関形式	新・旧
〃	第５財産区	山林	議会	新
〃	第９財産区	山林	議会	新
〃	佐良山財産区	山林	議会	旧
〃	倭文中財産区	山林	管理会	旧
〃	桑下財産区	山林、原野、宅地、墓地	管理会	旧
〃	宮部上・宮部下・中北下財産区	山林	管理会	旧
笠岡市	白石島財産区	山林	管理会	
井原市	星田財産区	山林、墓地、田	議会	旧
〃	西水砂財産区	山林	議会	旧
〃	黒木財産区	山林	議会	旧
〃	大倉財産区	山林、原野、牧場、畑	管理会	旧
〃	東水砂財産区	山林、墓地、畑	管理会	旧
〃	宇戸財産区	山林、原野、牧場、雑種地	管理会	旧
〃	三山財産区	山林、原野、畑	管理会	旧
〃	越出財産区	山林	管理会	旧
〃	宇戸谷上財産区	山林	管理会	旧
〃	宇戸谷中財産区	山林	管理会	旧
〃	宇戸谷下財産区	山林	管理会	旧
〃	上高末財産区		管理会	旧
〃	烏頭財産区	山林	管理会	旧
〃	加谷財産区	山林	管理会	旧
〃	八日市財産区	山林	管理会	旧
〃	三組財産区	山林、牧場、雑種地	管理会	旧
〃	絵具那・中山財産区	山林	管理会	旧
〃	友成財産区	山林	管理会	旧
〃	六部落財産区	山林、畑	管理会	旧
〃	黒萩財産区	山林	管理会	旧
〃	水名財産区	山林	管理会	旧
高梁市	巨瀬財産区	山林、宅地	管理会	新
〃	宇治財産区	山林、原野	管理会	新
〃	有漢財産区	山林	管理会	新
新見市	豊永財産区	山林	管理会	新
〃	萬歳財産区	山林	管理会	新
備前市	三石財産区	山林	管理会	新

市町村	財産区名	主な財産	機関形式	新・旧
〃	三国地区財産区	山林	管理会	新
赤磐市	周匝財産区	山林	管理会	新
〃	山方財産区	山林	管理会	新
〃	佐伯北財産区	山林	管理会	新
美作市	栗井財産区	山林	管理会	旧
浅口市	益坂財産区	山林	管理会	新
和気町	日笠地区財産区	山林	管理会	旧
〃	塩田地区財産区	山林	管理会	新
〃	山田地区財産区	山林	管理会	新
〃	奥塩田地区財産区	山林	管理会	旧
矢掛町	美川財産区	山林	管理会	新
〃	横谷財産区	山林	管理会	
〃	山田財産区	山林	管理会	新
〃	里山田財産区	山林	管理会	
〃	南山田財産区	山林	管理会	
〃	中財産区	山林	管理会	
〃	川面財産区	山林	管理会	新
〃	宇内財産区	山林	管理会	
〃	西川面上財産区	山林	管理会	
〃	西川面下財産区	山林	管理会	
〃	東川面財産区	山林	管理会	
〃	中川財産区	山林	管理会	新
〃	小田財産区	山林	管理会	新
〃	東三成財産区	山林	管理会	
鏡野町	奥津財産区	山林	議会	新
〃	羽出財産区	山林	管理会	新
〃	富財産区	山林	管理会	新
〃	上齋原財産区	山林	議会	新
〃	鏡野町財産区第１区	山林	総会	旧
〃	鏡野町財産区第２区	山林	総会	旧
〃	鏡野町財産区第３区	山林	総会	旧
〃	鏡野町財産区第４区	山林	総会	旧
〃	鏡野町財産区第５区	山林	総会	旧
〃	鏡野町財産区第６区	山林	議会	旧

市町村	財産区名	主な財産	機関形式	新・旧
〃	鏡野町財産区第７区	山林	管理会	新
奈義町	豊並財産区	原野	管理会	新
〃	柿財産区	保安林	管理会	新
吉備中央町	円城財産区	山林	議会	
〃	新山財産区	山林	議会	
〃	津賀財産区	山林	議会	

32）広島県

市町村	財産区名	主な財産	機関形式	新・旧
広島市	久地財産区	山林	議会	新
〃	小河内財産区	山林	議会	新
〃	緑井財産区	山林	議会	新
〃	高南財産区	山林	議会	新
〃	三入財産区	山林	管理会	新
〃	元宇品町財産区	山林	管理会	新
〃	砂谷財産区	山林	管理会	新
竹原市	東野財産区	山林	議会	新
三原市	東町財産区	宅地	管理会	旧
〃	中之町財産区	山林	管理会	旧
〃	小泉町財産区	山林	管理会	旧
〃	沼田西町松江財産区	山林	管理会	新
〃	本郷町本郷財産区	山林	管理会	新
〃	本郷町船木財産区	山林	管理会	新
〃	本郷町北方財産区	山林	管理会	新
〃	本郷町南方財産区	山林	管理会	新
福山市	神村町財産区	山林	議会	新
〃	柳津町財産区	山林	議会	新
〃	山野財産区	山林	議会	新
〃	広瀬財産区	山林	議会	新
〃	下加茂財産区	山林、原野	議会	新
〃	向永谷大橋近田財産区	山林、雑種地	管理会	新
〃	向永谷財産区	山林、墓地	管理会	新
〃	上山守財産区	山林	管理会	新
〃	法成寺財産区	山林	管理会	新

市町村	財産区名	主な財産	機関形式	新・旧
〃	法成寺西組財産区	山林	管理会	新
〃	大橋財産区	墓地、山林	管理会	新
〃	今岡山財産区	山林	管理会	新
〃	万能倉財産区	山林、用水池・沼地	管理会	新
〃	戸手財産区	山林、用水池・沼地	管理会	新
〃	相方財産区	山林	管理会	新
〃	新市財産区	山林	管理会	新
〃	宮内財産区	山林	管理会	新
〃	上安井財産区	山林、用水池・沼地	管理会	新
〃	下安井財産区	用水池・沼地	管理会	新
〃	神辺財産区	山林	議会	新
〃	竹尋財産区	山林	議会	新
〃	中条財産区	山林、雑種地	議会	新
府中市	広谷町財産区	山林、墓地、雑種地	管理会	新
〃	鵜飼町財産区	墓地	管理会	新
〃	元町財産区	墓地、宅地、田畑	管理会	新
〃	本山町財産区	田畑、雑種地、道路	管理会	新
〃	栗柄町財産区	山林、雑種地	管理会	新
〃	平井組財産区	山林、墓地、宅地	管理会	新
〃	登呂茂組財産区	山林、墓地	管理会	新
〃	鴫谷組財産区	山林、墓地、田、畑、雑種地	管理会	新
〃	加谷中柴美土路組財産区	山林	管理会	新
〃	名字谷組財産区	山林、墓地、田畑	管理会	新
〃	大門岡谷組財産区	山林	管理会	新
〃	戸木組財産区	山林、原野、墓地	管理会	新
〃	肥地屋美土路組財産区	山林		新
〃	加谷組財産区	山林、墓地、宅地	管理会	新
〃	用土組財産区	山林	なし	新
〃	高木町財産区	山林、墓地	管理会	新
〃	中須町財産区	山林、墓地、原野、雑種地、田、畑、溜池	管理会	新
〃	父石前原組財産区	山林	管理会	新
〃	父石下丈前原組財産区	山林	管理会	新
〃	父石上丈組財産区	山林	管理会	新
〃	父石上丈神田組財産区	山林	管理会	新

市町村	財産区名	主な財産	機関形式	新・旧
〃	父石神田組財産区	山林	管理会	新
〃	父石神田前原川崎下丈上丈組財産区	山林、雑種地	管理会	新
〃	父石下丈組財産区	山林	管理会	新
〃	父石僧殿組財産区	山林	管理会	新
〃	上山町財産区	宅地	管理会	新
〃	元目崎村外三ヶ村組財産区	山林、宅地、雑種地、原野	管理会	新
〃	元父石村外三ヶ村組財産区	山林、墓地、雑種地		新
〃	父石川崎組財産区	山林、田畑	管理会	新
〃	河南町財産区	宅地、原野、田畑	管理会	新
〃	篠根町財産区	山林	管理会	新
〃	河面町財産区	宅地	管理会	新
〃	僧殿町財産区	宅地	管理会	新
〃	中柴組財産区	山林	管理会	新
〃	四日市組財産区	山林	管理会	新
〃	俊別当岡本組財産区	山林	管理会	新
〃	野田山組財産区	山林	管理会	新
〃	後別当組財産区	山林	管理会	新
〃	後別当谷組財産区	山林、宅地	管理会	新
〃	竜脇組財産区	山林	管理会	新
〃	加谷中柴組財産区	山林	管理会	新
〃	美土路組財産区	墓地	管理会	新
〃	用土城山組財産区	山林	管理会	新
〃	横見組財産区	山林	管理会	新
〃	用土高尾組財産区	山林	管理会	新
〃	河南上組千足組財産区	山林	管理会	新
〃	僧殿下組財産区	山林、原野	管理会	新
〃	僧殿中組下組財産区	雑種地	管理会	新
〃	篠根矢井定国組財産区	山林、墓地、原野、雑種地	管理会	新
〃	久佐町財産区	山林、宅地、原野	管理会	新
庄原市	下原財産区	山林	議会	旧
〃	比和財産区	山林	議会	新
大竹市	小方財産区	山林	議会	新

市町村	財産区名	主な財産	機関形式	新・旧
〃	玖波財産区	山林	議会	新
〃	松ヶ原財産区	山林	議会	新
東広島市	原財産区	山林	議会	新
〃	川上財産区	山林	議会	新
〃	吉川財産区	山林	議会	新
〃	下見財産区	山林	議会	旧
〃	郷田財産区	山林	議会	新
〃	板城財産区	山林	議会	新
〃	下三永財産区	山林	議会	新
〃	西高屋財産区	山林	議会	新
〃	造賀財産区	山林	議会	新
〃	入野財産区	山林	議会	新
〃	板城西財産区	山林	議会	新
〃	志和財産区	山林	管理会	新
〃	東志和財産区	山林	管理会	新
〃	西志和財産区	山林	管理会	新
〃	志和堀財産区	山林	管理会	新
〃	御薗宇財産区	山林	管理会	旧
〃	上三永財産区	山林	管理会	旧
〃	白市財産区	山林	管理会	新
〃	小谷財産区	山林	管理会	新
〃	久芳財産区	山林	管理会	新
〃	竹仁財産区	山林	管理会	新
安芸高田市	吉田町吉田財産区	山林、用水池・沼地、学校用地	議会	旧
〃	美土里町北財産区	山林	議会	新
〃	美土里町横田財産区	山林	議会	新
〃	高宮町来原財産区	山林	議会	新
〃	高宮町船佐財産区	山林	議会	新
〃	高宮町川根財産区	山林	議会	新
〃	向原町坂財産区	山林	議会	新
〃	吉田町中馬財産区	山林	議会	旧
〃	美土里町本郷財産区	山林	議会	新
安芸太田町	内黒山財産区	山林	議会	新
〃	筒賀財産区	山林	議会	新

市町村	財産区名	主な財産	機関形式	新・旧
北広島町	本地財産区	山林	なし	新
〃	芸北財産区	山林	管理会	新
世羅町	津口財産区	山林、宅地	議会	新
神石高原町	来見財産区	保安林	管理会	新
〃	油木財産区	保安林	管理会	新

33）山口県

市町村	財産区名	主な財産	機関形式	新・旧
山口市	宮野財産区	山林	議会	旧
柳井市	伊保庄財産区	山林	議会	新

34）徳島県

市町村	財産区名	主な財産	機関形式	新・旧
鳴門市	瀬戸町北泊財産区	保安林	議会	旧
阿南市	新野財産区	山林	議会	新
〃	福井財産区	保安林	管理会	新
〃	加茂谷財産区	山林	管理会	新
〃	椿泊財産区	山林	管理会	新
〃	伊島財産区	保安林	管理会	新
吉野川市	川島財産区	墓地	管理会	
阿波市	御所財産区	山林	管理会	新
〃	犬墓財産区	山林	議会	新
三好市	太刀野財産区	宅地	議会	旧
〃	井内財産区	山林	管理会	新
勝浦町	生比奈財産区	山林	議会	新
〃	横瀬財産区	山林	議会	新
上勝町	福原財産区	山林	議会	新
〃	高鉾財産区	山林	議会	新
那賀町	相生財産区	山林	管理会	新
美波町	日和佐町赤河内財産区	山林	管理会	新
上板町	大山財産区	山林	議会	新
〃	神宅財産区	山林	議会	新
東みよし町	三加茂財産区	山林	総会	新

35）香川県

市町村	財産区名	主な財産	機関形式	新・旧
高松市	鬼無財産区	山林	議会	新
〃	香西財産区	山林	議会	新
〃	下笠居財産区	山林	議会	新
〃	瑞岡財産区	山林	議会	
〃	弦打財産区	山林	管理会	新
〃	雌雄島財産区	山林	管理会	新
〃	上西財産区	山林	管理会	
〃	塩江財産区	山林	管理会	
観音寺市	豊田財産区	山林	管理会	新
〃	粟井財産区	山林	管理会	新
〃	一ノ谷財産区	山林	管理会	新
三豊市	山本町辻財産区	山林	管理会	新
〃	山本町神田財産区	山林	管理会	新
〃	山本町河内財産区	山林	管理会	新
〃	山本町財田大野財産区	山林	管理会	新
〃	三野町大見財産区	山林	管理会	新
〃	三野町下高瀬財産区	山林	管理会	新
〃	豊中町比地大財産区	山林	管理会	新
〃	豊中町桑山財産区	山林	管理会	新
土庄町	大鐸財産区	山林	管理会	新
〃	大部財産区	山林	議会	新
小豆島町	西村財産区	山林、宅地、雑種地	議会	旧
〃	草壁財産区	山林、宅地、雑種地	議会	旧
〃	安田財産区	山林、宅地、雑種地	議会	旧
〃	苗羽財産区	山林、宅地	議会	旧
〃	坂手財産区	山林、宅地、畑、雑種地	議会	旧
〃	福田財産区	宅地、畑、雑種地	議会	新
三木町	下高岡財産区	山林	議会	新
〃	氷上財産区	山林	議会	新
〃	田中財産区	山林	議会	新
〃	神山財産区	山林	議会	新
〃	井戸財産区	山林	議会	新
綾川町	陶財産区	山林	議会	新

市町村	財産区名	主な財産	機関形式	新・旧
〃	滝宮財産区	山林	議会	新
〃	羽床財産区	山林	議会	新
〃	扮所地区財産区	山林	議会	新
琴平町	五条財産区	山林	議会	新
まんのう町	満濃町財産区	山林	議会	新
〃	美合第１財産区	山林	議会	新
〃	美合第２財産区	山林	議会	新
〃	美合第３財産区	山林	議会	新

36）愛媛県

市町村	財産区名	主な財産	機関形式	新・旧
今治市	桜井財産区	山林、宅地、墓地	議会	新
宇和島市	御槇財産区	山林	管理会	新
〃	清満財産区	保安林	管理会	新
〃	畑地財産区	山林	管理会	新
八幡浜市	日土財産区	山林	管理会	新
〃	宮内財産区	山林	議会	新
西条市	壬生川財産区	宅地	管理会	旧
〃	庄内財産区	山林	管理会	新
四国中央市	上野財産区	山林	管理会	新
〃	北野財産区	山林	管理会	新
〃	蕪崎財産区	宅地	管理会	新
〃	土居財産区	墓地	管理会	新
〃	土居天満財産区	山林	管理会	新
〃	畑野財産区	山林	管理会	新
〃	入野財産区	山林	管理会	新
〃	浦山財産区	山林	管理会	新
〃	関川財産区	山林	議会	新
〃	土居財産区	山林	議会	新
〃	天満財産区	山林	議会	新
〃	津根財産区	山林	議会	新
〃	野田財産区	山林	議会	新
〃	小富士財産区	山林	議会	新
西予市	宇和町財産区	山林	議会	新

市町村	財産区名	主な財産	機関形式	新・旧
〃	明浜町財産区	山林	議会	新
〃	野村地区財産区	山林	議会	
〃	渓筋地区財産区	山林	議会	
〃	中筋地区財産区	山林	議会	
〃	買吹地区財産区	山林	議会	
〃	横林地区財産区	山林	議会	
〃	遊子川財産区	山林	議会	
〃	土居財産区	山林	議会	
〃	高川財産区	山林	議会	
〃	魚成財産区	山林	議会	

37）高知県

市町村	財産区名	主な財産	機関形式	新・旧
芸西村	西分財産区	山林、原野、宅地、用水池・沼地、墓地	管理会	新
〃	馬ノ上財産区	山林、原野、宅地、用水池・沼地、墓地	管理会	新
土佐町	地蔵寺財産区	山林	管理会	新
春野町 *	弘岡下財産区	山林	管理会	
〃	西分財産区	山林	管理会	

*：春野町は、2008 年 1 月 1 日に高知市に編入されている。

38）福岡県

市町村	財産区名	主な財産	機関形式	新・旧
北九州市	垣見財産区	山林、原野、墓地、公衆用道路	議会	旧
〃	伊川財産区	原野、山林、保安林、用水池・沼地、宅地、墓地、田、畑、雑種地、公衆用道路		旧
〃	畑財産区	山林、保安林、原野、宅地、墓地、公衆用道路		旧
〃	猿喰財産区	原野、墓地、公衆用道路		旧
〃	吉志財産区	原野、山林、保安林、用水池・沼地、宅地、田、畑、雑種地、公衆用道路		旧
〃	今津財産区	宅地、墓地		旧
〃	松ヶ江財産区	山林、保安林、田、畑、宅地		旧
〃	下石田財産区	原野、宅地		旧

市町村	財産区名	主な財産	機関形式	新・旧
〃	葛原財産区	山林、保安林、用水池・沼地、宅地、雑種地、公衆用道路		旧
〃	津田財産区	原野		旧
〃	田原財産区	田、畑、公衆用道路		旧
〃	吉田財産区	山林、保安林、用水池・沼地、宅地、墓地		旧
〃	曽根新田財産区	用水池・沼地、田、畑		旧
〃	上城野財産区	原野、用水池・沼地、雑種地		旧
〃	沼財産区	山林、保安林、原野、用水池・沼地、田、畑、宅地、墓地、雑種地		旧
〃	脇田・脇ノ浦財産区	山林、保安林、宅地、雑種地		
福岡市	脇山財産区	山林	議会	旧
〃	香椎財産区	墓地、山林、宅地、原野、雑種地、溜池	なし	旧
〃	勝馬財産区	溜池	なし	旧
〃	金平財産区	墓地	なし	旧
〃	蒲田財産区	墓地、溜池	なし	旧
〃	上和白財産区	溜池	なし	旧
〃	塩浜財産区	墓地、溜池	なし	旧
〃	志賀島財産区	溜池	なし	旧
〃	下原財産区	山林、原野、宅地、墓地、溜池	なし	旧
〃	下和白財産区	原野、宅地、溜池	なし	旧
〃	多田羅財産区	宅地	なし	旧
〃	津屋財産区	原野、宅地、田、溜池	なし	旧
〃	唐原財産区	宅地、山林、墓地	なし	旧
〃	土井財産区	墓地	なし	旧
〃	名子財産区	墓地、溜池	なし	旧
〃	名島財産区	墓地、宅地	なし	旧
〃	奈多財産区	公衆用道路	なし	旧
〃	八田財産区	山林、墓地、宅地、溜池	なし	旧
〃	浜男財産区	墓地	なし	旧
〃	馬出財産区	宅地	なし	旧
〃	松崎財産区	山林、宅地、溜池、雑種地	なし	旧
〃	三苫財産区	宅地、山林、用水池・沼地、畑	なし	旧
〃	青木財産区	墓地、宅地、溜池	なし	旧
〃	井相田財産区	宅地、雑種地、溜池	なし	旧

市町村	財産区名	主な財産	機関形式	新・旧
〃	板付財産区	宅地、墓地、畑	なし	旧
〃	犬飼財産区	墓地	なし	旧
〃	大浜四丁目財産区	宅地	なし	旧
〃	堅粕財産区	墓地、宅地	なし	旧
〃	三ヶ町財産区	宅地	なし	旧
〃	金隈財産区	原野、墓地、宅地、溜池	なし	旧
〃	上赤間財産区	宅地	なし	旧
〃	上鰯町財産区	宅地	なし	旧
〃	上臼井財産区	山林、用悪水路、田、溜池、公民館	なし	旧
〃	上桶屋町財産区	宅地	なし	旧
〃	上金屋町財産区	宅地	なし	旧
〃	上月隈財産区	溜池、雑種地	なし	旧
〃	上浜口町財産区	宅地	なし	旧
〃	上普賢堂町財産区	墓地	なし	旧
〃	瓦町財産区	宅地	なし	旧
〃	小金町財産区	宅地	なし	旧
〃	雀居財産区	用水池・沼地	なし	旧
〃	下臼井財産区	墓地、溜池、雑種地	なし	旧
〃	下月隈財産区	原野、墓地、公衆用道路、溜池	なし	旧
〃	住吉財産区	墓地、雑種地	なし	旧
〃	竹下財産区	墓地	なし	旧
〃	豊富財産区	公会堂敷地	なし	旧
〃	東光寺財産区	山林	なし	旧
〃	那珂財産区	墓地、畑、田	なし	旧
〃	中対馬小路財産区	宅地	なし	旧
〃	西堅粕財産区	宅地	なし	旧
〃	東平尾財産区	墓地、溜池	なし	旧
〃	万行寺町財産区	宅地	なし	旧
〃	諸岡財産区	墓地、雑種地	なし	旧
〃	立花寺財産区	宅地、溜池	なし	旧
〃	伊崎浦財産区	宅地	なし	旧
〃	庄財産区	墓地、雑種地	なし	旧
〃	下警固財産区	山林、墓地	なし	旧
〃	新大工町財産区	宅地	なし	旧

市町村	財産区名	主な財産	機関形式	新・旧
〃	西唐人町財産区	宅地	なし	旧
〃	平尾財産区	溜池	なし	旧
〃	井尻財産区	墓地、山林、田	なし	旧
〃	柏原財産区	原野、溜池、雑種地	なし	旧
〃	上日佐財産区	原野、溜池、公衆用道路、雑種地	なし	旧
〃	上長尾財産区	宅地、学校敷地、溜池	なし	旧
〃	警弥郷財産区	雑種地	なし	旧
〃	五十川財産区	山林、宅地、畑	なし	旧
〃	塩原財産区	墓地	なし	旧
〃	清水財産区	墓地、境内地	なし	旧
〃	下日佐財産区	宅地	なし	旧
〃	下長尾財産区	墓地、溜池、雑種地	なし	旧
〃	高宮財産区	墓地、溜池、雑種地	なし	旧
〃	野多目財産区	山林、宅地、溜池	なし	旧
〃	野間財産区	宅地、溜池、境内地、雑種地、墓地	なし	旧
〃	桧原財産区	山林、原野、宅地、墓地、溜池、用悪水路、公衆用道路	なし	旧
〃	三宅財産区	宅地、墓地、溜池	なし	旧
〃	屋形原財産区	原野、墓地、雑種地、公衆用道路、溜池	なし	旧
〃	横手財産区		なし	旧
〃	老司財産区	宅地、墓地、溜池、公衆用道路、雑種地	なし	旧
〃	若久財産区	宅地、墓地、溜池、用悪水路	なし	旧
〃	和田財産区	宅地、原野、墓地、溜池	なし	旧
〃	荒江財産区	墓地	なし	旧
〃	梅林財産区	山林、原野、墓地、溜池	なし	旧
〃	片江財産区	宅地、溜池	なし	旧
〃	田島財産区	墓地、山林、宅地、雑種地、溜池	なし	旧
〃	堤財産区	原野、墓地、雑種地	なし	旧
〃	鳥飼財産区	宅地、墓地、田、溜池、公衆用道路	なし	旧
〃	七隈財産区	宅地、溜池、雑種地	なし	旧
〃	東油山財産区	宅地、原野、田、雑種地	なし	旧
〃	有田財産区	墓地、村社地	なし	旧

市町村	財産区名	主な財産	機関形式	新・旧
〃	飯倉財産区	宅地、雑種地	なし	旧
〃	四箇財産区	墓地、雑種地	なし	旧
〃	次郎丸財産区	墓地、公衆用道路、雑種地、境内地	なし	旧
〃	田財産区	宅地、墓地	なし	旧
〃	西油山財産区	溜池	なし	旧
〃	西脇財産区	墓地	なし	旧
〃	野芥財産区	山林、原野、宅地、墓地、溜池	なし	旧
〃	原財産区	墓地	なし	旧
〃	干隈財産区	宅地、墓地	なし	旧
〃	南庄財産区	宅地	なし	旧
〃	免財産区	墓地	なし	旧
〃	飯盛財産区	墓地、原野、溜池	なし	旧
〃	石丸財産区	用水池・沼地、宅地、墓地	なし	旧
〃	今出財産区	山林	なし	旧
〃	今津財産区	公衆用道路	なし	旧
〃	金武財産区	墓地、溜池、公衆用道路	なし	旧
〃	桑原財産区	溜池	なし	旧
〃	下山門財産区	宅地、墓地、用悪水路、畑、溜池、雑種地	なし	旧
〃	拾六町財産区	墓地、溜池	なし	旧
〃	周船寺財産区	用悪水路	なし	旧
〃	千里財産区	溜池、用悪水路	なし	旧
〃	田尻財産区	墓地、原野、溜池、田、雑種地	なし	旧
〃	田尻上川原財産区	畑、用悪水路	なし	旧
〃	徳永財産区	田、用悪水路、公衆用道路	なし	旧
〃	野方財産区	宅地、原野、溜池、雑種地	なし	旧
〃	能古財産区	墓地、宅地、山林、原野、溜池、田	なし	旧
〃	橋本財産区	墓地、宅地	なし	旧
〃	羽根戸財産区	墓地、溜池	なし	旧
〃	福重財産区	墓地、宅地、公衆用道路、境内地、用悪水路、公園	なし	旧
〃	宮浦財産区	公衆用道路	なし	旧
〃	浜財産区	宅地、公衆用道路	なし	旧
〃	元岡財産区	山林、溜池	なし	旧

市町村	財産区名	主な財産	機関形式	新・旧
〃	吉武財産区	墓地、溜池	なし	旧
久留米市	高良内財産区	山林	議会	旧
〃	田主丸財産区	山林	議会	新
筑紫野市	二日市財産区	宅地	管理会	新
〃	平等寺山財産区	山林	管理会	新
〃	御笠財産区	山林	管理会	新
〃	武蔵財産区	公衆浴場	議会	旧
〃	山家財産区	山林	議会	新
うきは市	八龍財産区	山林	議会	新
〃	船越財産区	山林	議会	新
宮若市	山口財産区	山林、原野	議会	旧
〃	吉川財産区	原野	管理会	旧
〃	宮田財産区	山林	議会	旧
朝倉市	秋月財産区	山林、宅地	議会	新
那珂川町	南畑財産区	山林	管理会	新
〃	岩戸財産区	山林	管理会	新
〃	安徳財産区	宅地	管理会	新
久山町	久原財産区	山林	管理会	新
〃	猪野財産区	山林	議会	新
二丈町 *	福吉財産区	山林	管理会	新
〃	一貴山財産区	山林	管理会	新
黒木町 **	黒木財産区	山林	管理会	新
〃	豊岡財産区	公園	管理会	新
〃	串毛財産区	山林	管理会	新
〃	木屋財産区	山林	管理会	新
〃	笠原財産区	山林	管理会	新
〃	大渕財産区	山林	管理会	新
香春町	香春財産区	山林	管理会	新
〃	勾金財産区	山林	管理会	新
〃	中津原財産区	原野	管理会	新
〃	高野財産区	原野	管理会	新
〃	柿下財産区	原野	管理会	新
〃	鏡山財産区	原野	管理会	新
みやこ町	伊良原財産区	山林	議会	新

市町村	財産区名	主な財産	機関形式	新・旧
〃	諫山財産区	山林	議会	新
〃	黒田財産区	山林	議会	新
〃	犀川財産区	山林	管理会	新
〃	城井財産区	山林	管理会	新
築上町	葛城財産区	山林	議会	新
〃	西角田財産区	山林	議会	新
〃	上城井財産区	山林	議会	新
〃	下城井財産区	山林	議会	新

* ：二丈町は、2010 年 1 月 1 日に前原市、志摩町と合併して、糸島市になっている。
**：黒木町は、2010 年 2 月 1 日に立花町、矢部村、星野村と共に八女市に編入されている。

39）長崎県

市町村	財産区名	主な財産	機関形式	新・旧
長崎市	本河内郷財産区	墓地、畑	管理会	新
〃	伊良林郷財産区	墓地	なし	
〃	木場郷財産区	墓地、溜池	管理会	新
〃	中川郷財産区	宅地、墓地	管理会	新
〃	馬場郷財産区	宅地	管理会	新
〃	夫婦川郷財産区	宅地、溜池	管理会	新
〃	片淵郷財産区	宅地、原野、墓地、保安林	管理会	新
〃	西山郷財産区	山林、保安林	管理会	新
〃	馬町財産区	墓地	管理会	新
〃	岩原郷財産区	宅地、原野、墓地、保安林	管理会	新
〃	小川町財産区	宅地	管理会	新
〃	船津町財産区	宅地	管理会	新
〃	中馬込郷財産区	墓地	なし	
〃	大黒町財産区	宅地	管理会	新
〃	船津郷（西坂町･大黒町）財産区	宅地	管理会	新
〃	万屋町財産区	宅地	管理会	新
〃	銀屋町財産区	宅地	管理会	新
〃	紺屋町財産区	宅地、墓地	管理会	新
〃	桶屋町財産区	宅地	管理会	新
〃	大井手町財産区	宅地	なし	
〃	出来大工町財産区	宅地	管理会	新

市町村	財産区名	主な財産	機関形式	新・旧
〃	油屋町財産区	宅地、墓地	管理会	新
〃	高野平郷財産区	宅地、墓地	管理会	新
〃	小島郷財産区	宅地	管理会	新
〃	銅座町財産区	宅地	管理会	新
〃	十善寺郷財産区	宅地、墓地、畑	管理会	新
〃	大浦郷財産区	宅地、墓地、溜池	なし	
〃	下郷財産区	墓地、溜池	管理会	新
〃	西泊郷財産区	宅地、墓地	管理会	新
〃	立神郷財産区	宅地、墓地、保安林	管理会	新
〃	岩瀬道郷財産区	原野、墓地	管理会	新
〃	水ノ浦財産区	墓地、宅地、山林	管理会	新
〃	瀬ノ脇郷財産区	宅地、墓地	管理会	新
〃	平戸小屋郷財産区	墓地、山林、宅地、畑	管理会	新
〃	船津郷（旭町）財産区	宅地、畑	管理会	新
〃	稲佐郷財産区	宅地、墓地	管理会	新
〃	竹の久保郷財産区	宅地、墓地	管理会	新
〃	中野郷財産区	墓地	管理会	新
〃	里郷財産区	墓地	管理会	新
〃	本原郷財産区	墓地、溜池	管理会	新
〃	寺野郷財産区	墓地	管理会	新
〃	本五島町財産区	宅地	管理会	新
〃	網場町財産区	宅地、山林、墓地	管理会	新
〃	宿町財産区	宅地	管理会	新
〃	小崎名財産区	原野	管理会	新
〃	河内名財産区	宅地、山林	管理会	新
〃	田中名財産区	墓地、溜池	管理会	新
〃	田ノ浦財産区	山林	なし	
〃	木場名財産区	雑種地、墓地	管理会	新
〃	牧島名財産区	墓地	管理会	新
〃	松原名財産区	墓地	なし	
〃	中里名財産区	墓地	管理会	新
〃	向名財産区	墓地	管理会	新
〃	平山町財産区	墓地、雑種地、溜池	管理会	新
〃	三組川内郷財産区	原野	なし	

市町村	財産区名	主な財産	機関形式	新・旧
〃	川平郷財産区	原野	なし	
〃	向郷財産区	溜池	なし	
〃	本村郷財産区	溜池	管理会	
〃	大崎郷財産区	墓地、溜池	なし	
〃	相川町財産区	墓地、溜池	なし	
〃	中通郷財産区	溜池	なし	
〃	田舎郷財産区	墓地、溜池	なし	
〃	牧野郷財産区	宅地、墓地、溜池	なし	
〃	田上名財産区	墓地	なし	
〃	北浦名財産区	墓地、溜池	管理会	新
〃	木場名（早坂町）財産区	墓地	管理会	新
〃	田手原名財産区	墓地	管理会	新
〃	太田尾名財産区	墓地、溜池	なし	
〃	飯香浦名財産区	墓地、溜池	管理会	
〃	宮摺名財産区	墓地	なし	
〃	大崎名財産区	墓地	なし	
〃	千々名財産区	墓地	管理会	新
〃	多以良郷財産区	墓地、溜池、雑種地	なし	
〃	樫山郷財産区	墓地、溜池	管理会	新
〃	遠ノ木場郷財産区	墓地、雑種地、溜池	管理会	新
〃	京泊郷財産区	墓地、溜池	管理会	新
〃	西樫山郷財産区	墓地	なし	
〃	向郷（三京町）財産区	墓地	なし	
〃	三重郷財産区	墓地、溜池	なし	
〃	三重田郷財産区	墓地、雑種地、溜池	管理会	新
〃	東樫山郷財産区	宅地、墓地、雑種地	なし	
〃	多以良・畝刈郷財産区	墓地	なし	
〃	大浦郷（大浜町）財産区	墓地	なし	
〃	竿の浦町財産区	宅地、墓地	管理会	新
〃	東名財産区	溜池	なし	
〃	古賀浦名財産区	原野、山林、保安林	管理会	新
〃	上戸石名財産区	墓地	なし	
五島市	大浜財産区	山林	管理会	新
〃	本山財産区	山林	管理会	新

40）熊本県

市町村	財産区名	主な財産	機関形式	新・旧
八代市	久連子財産区	山林	管理会	新
〃	椎原財産区	山林	管理会	新
人吉市	藍田財産区	山林	議会	旧
玉名市	睦合財産区	山林	管理会	
山鹿市	城北財産区	山林	管理会	新
〃	稲田財産区	山林	管理会	新
〃	六郷財産区	山林	管理会	新
〃	稲田財産区・六郷財産区	山林	管理会	新
上天草市	教良木河内財産区	山林	議会	新
阿蘇市	宮地財産区	原野	管理会	新
〃	坂梨財産区	山林、原野、簡易水道	管理会	新
〃	中通財産区	山林、原野、簡易水道	管理会	新
〃	古城財産区	山林、原野、簡易水道	管理会	新
天草市	楠浦町財産区	山林	議会	新
〃	大宮地財産区	山林	議会	旧
〃	一町田財産区	山林	管理会	新
〃	新合財産区	山林	管理会	新
〃	宮津財産区	山林	管理会	新
玉東町	木葉財産区	山林、採石用地	管理会	新
和水町	春富財産区	山林	議会	新
多良木町	久米財産区	山林	管理会	新
あさぎり町	上財産区	山林	管理会	新
苓北町	坂瀬川財産区	山林	管理会	新
〃	都呂々財産区	山林	管理会	新
〃	志岐財産区	山林	議会	新

41）大分県

市町村	財産区名	主な財産	機関形式	新・旧
大分市	向原財産区	貯金、宅地	管理会	新
日田市	五馬財産区	山林、原野	議会	新

42）宮崎県

市町村	財産区名	主な財産	機関形式	新・旧
宮崎市	折生迫財産区	山林、原野、用水池･沼地、墓地、地上権設定地	議会	旧

注１：誤字、脱字などの間違いについては、すべて執筆者の責任である
注２：地方自治法上の財産区を対象としており、その判断は各自治体による。ただし、明らかに財産区と思われない回答については、 当方でその是非を判断した
注３：「新・旧」は、悉皆調査の設置年の情報から分類した新財産区、旧財産区のことを指す

Ⅱ－2　解散した財産区

都道府県	市・郡	町・村	財産区名	主な財産	解散理由	解散後の形態	解散年
青森県	下北郡	風間浦村	蛇浦財産区	山林、原野、墓地	方針変更	市町村有	平成17
	三戸郡	五戸町	扇田財産区	山林	方針変更	個人有	平成15
岩手県	花巻市		外川目財産区	山林	合併	市町村有	平成17
	岩手郡	葛巻町	葛巻財産区	山林	方針変更	市町村有	平成19
	奥州市		藤里財産区	山林	方針変更	市町村有	平成17
	〃		伊手財産区	山林	方針変更	市町村有	平成17
	〃		玉里財産区	山林	方針変更	市町村有	平成17
	東磐井郡	藤沢町	藤沢財産区	山林	方針変更	市町村有	平成15
	〃		黄海財産区	山林	方針変更	市町村有	平成15
秋田県	秋田市		河辺財産区	山林	合併	認可地縁団体有	平成16
	〃		雄和財産区	山林	合併	認可地縁団体有	平成16
	大仙市		土川財産区	山林	方針変更	認可地縁団体有	平成17
	仙北郡	美郷町	六郷町鑓田財産区	山林	方針変更	市町村有	平成14
	〃		千畑町千屋財産区	山林	合併	市町村有	平成16
	〃		千畑町畑屋財産区	山林	合併	市町村有	平成16
	雄勝郡	羽後町	仏道財産区	山林、原野	方針変更	市町村有	平成14
福島県	南相馬市		小高町金房財産区	山林	方針変更	市町村有	平成17
	大沼郡	会津美里町	旭財産区	山林	合併	市町村有	平成17
	〃		藤川財産区	山林	合併	市町村有	平成17
	石川郡	平田村	蓬田財産区	山林	方針変更	市町村有	平成15
	〃		小平財産区	山林	方針変更	市町村有	平成15
茨城県	北茨城市		中郷財産区	山林	方針変更	市町村有	平成19
埼玉県	大里郡	寄居町	鉢形財産区	山林	方針変更	市町村有	平成15
神奈川県	足柄下郡	湯河原町	吉浜財産区	保安林	方針変更	市町村有	平成18
長野県	長野市		更北財産区	山林		市町村有	
	上伊那郡	中川村	片桐財産区	山林	方針変更	認可地縁団体有	平成18
滋賀県	高島市		勝野財産区	山林、用水池・沼地、墓地	方針変更	認可地縁団体有	平成19
	〃		鹿ヶ瀬財産区	山林	方針変更	認可地縁団体有	平成19
京都府	綴喜郡	井手町	井手財産区	山林	方針変更	市町村有	平成18

兵 庫 県	多可郡	多可町	野間谷財産区	山林	合併	共有	平成 17
和歌山県	田辺市		三里財産区	山林、原野、宅地、用水池・沼地、墓地	合併	認可地縁団体有	平成 17
	〃		鮎川財産区	山林	合併	認可地縁団体有	平成 17
	〃		三川財産区	山林	合併	認可地縁団体有	平成 17
	〃		富里財産区	山林	合併		平成 17
	西牟婁郡	上富田町	岩田財産区	山林		市町村有、社団法人有	平成 19
島 根 県	雲南市		阿用財産区	山林	方針変更		平成 19
広 島 県	広島市		飯室財産区	山林	方針変更	市町村有	平成 18
	三原市		宗郷町財産区	山林	方針変更	市町村有	平成 17
徳 島 県	吉野川市		山川瀬詰財産区	山林、宅地、墓地	合併	市町村有	平成 16
	三好市		池田町三縄財産区	山林	合併	市町村有	平成 17
	〃		池田町佐馬地財産区	山林	合併	市町村有	平成 17
香 川 県	丸亀市		富熊財産区	山林	合併	市町村有	平成 17
	東かがわ市		福栄財産区	山林	合併	市町村有	平成 15
	〃		五名財産区	山林	合併	市町村有	平成 15
	綾川町		陶財産区	山林	合併		平成 18
	〃		羽床財産区	山林	合併		平成 18
	〃		扮所地区財産区	山林	合併		平成 18
愛 媛 県	西予市		多田財産区	山林	合併		平成 16
	〃		俵津財産区	山林	合併		平成 16
	〃		中川財産区	山林	合併		平成 16
	〃		石城財産区	山林	合併		平成 16
	〃		宇和財産区	山林	合併		平成 16
	〃		田之筋財産区	山林	合併		平成 16
	〃		下宇和財産区	山林	合併		平成 16
福 岡 県	福岡市		多々良財産区	山林	方針変更	市町村有	平成 18
	築上郡	上毛町	西吉富財産区	山林	合併	市町村有	平成 16

注 1 ：誤字、脱字などの間違いについては、すべて当方の責任である
注 2 ：地方分権一括法施行（平成 12 年 4 月 1 日）後に解散した財産区について取り上げている
注 3 ：解散理由のカテゴリーで、「合併」とは市町村合併に伴う解散、「方針変更」とは財産区の財政状況の悪化など合併以外の理由に伴う解散のことを指す

○参考資料
地方分権一括法施行前かつ平成以降に解散した財産区

都道府県	市・郡	町・村	財産区名	主な財産	解散理由	解散後の形態	解散年
岩手県	北上市		相去財産区		合併		平成3
山形県	米沢市		上郷財産区	山林、原野、保安林	方針変更	認可地縁団体有	平成11
福島県	会津若松市		大戸財産区		方針変更		平成9
	〃		湊財産区		方針変更		平成9
栃木県	矢板市		泉財産区	山林、原野	方針変更	市町村有	平成11
福井県	敦賀市		東郷財産区	山林	方針変更	市町村有	平成10
長野県	飯山市		飯山地区財産区	山林、原野	方針変更	市町村有	平成9
	〃		秋津地区財産区	山林	方針変更	市町村有	平成9
	〃		木島地区財産区	山林、原野	方針変更	市町村有	平成9
	〃		瑞穂地区財産区	山林、原野	方針変更	市町村有	平成9
	〃		柳原地区財産区	山林、原野	方針変更	市町村有	平成9
	〃		外様地区財産区	山林	方針変更	市町村有	平成9
	〃		常盤地区財産区	山林、原野	方針変更	市町村有	平成9
	〃		太田地区財産区	山林	方針変更	市町村有	平成9
	〃		岡山地区財産区	山林、原野	方針変更	市町村有	平成9
大阪府	四條畷市		田原財産区	山林	方針変更	市町村有	平成9
徳島県	三好郡	東みよし町	三庄財産区	山林	方針変更	市町村有	平成12
	〃	〃	加茂財産区	山林	方針変更	市町村有	平成12

II－3　平成の大合併に伴い新設された財産区

都道府県	市・郡	町・村	財産区名	主な財産	機関形式	新設年
石川県	加賀市		山中温泉財産区	原野、宅地、用水池・沼地、鉱泉地及び温泉権	管理会	平成17
山梨県	甲府市		尾股山外七字恩賜林保護財産区	山林	管理会	平成18
	上野原市		秋山財産区	原野	管理会	平成17
	〃		西棚ノ入外十一恩賜林保護財産区	山林	管理会	平成17
	北杜市		浅尾原財産区	山林、原野、畑	管理会	平成16
	〃		前山恩賜県有財産保護財産区	山林	管理会	平成16
	〃		奥山恩賜県有財産保護財産区	山林	管理会	平成16
	〃		石堂山恩賜県有財産保護財産区	山林	管理会	平成16
	〃		日野原山恩賜県有財産保護財産区	山林、宅地	管理会	平成16
	〃		大泉恩賜県有財産保護財産区	山林	管理会	平成16
	〃		内山の内１２山恩賜県有財産保護財産区	山林	管理会	平成16
	〃		大平山恩賜県有財産保護財産区	山林	管理会	平成18
	〃		篠原山恩賜県有財産保護財産区	山林	管理会	平成18
	〃		駒ヶ岳の内黒戸山恩賜県有財産保護財産区	山林	管理会	平成16
	〃		武川恩賜県有財産保護財産区	山林	管理会	平成16
	〃		鳳凰山外３字恩賜県有財産保護財産区	山林	管理会	平成16
	〃		荻坂外１字山恩賜県有財産保護財産区	山林	管理会	平成16
	〃		淵ケ沢山恩賜県有財産保護財産区	山林	管理会	平成16
	笛吹市		黒駒山恩賜県有財産保護財産区	山林	管理会	平成16
	〃		大口山恩賜県有財産保護財産区	山林	管理会	平成16
	〃		崩山恩賜県有財産保護財産区	山林	管理会	平成16
	〃		名所山恩賜県有財産保護財産区	山林	管理会	平成16
	〃		春日山恩賜県有財産保護財産区	山林	管理会	平成16

	〃		兜山外五山恩賜県有財産保護財産区	山林	管理会	平成16
	南都留郡	富士河口湖町	勝山財産区	山林、宅地、保安林、雑種地	管理会	平成15
	南巨摩郡	南部町	富沢財産区	山林、原野	管理会	平成15
長野県	上田市		武石財産区	山林	議会	平成18
	小県郡	長和町	和田財産区	山林	管理会	平成17
岐阜県	郡上市		大和財産区	山林	管理会	平成16
	〃		高鷲財産区	山林	管理会	平成16
	〃		明宝財産区	山林	管理会	平成16
	〃		和良財産区	山林	管理会	平成16
愛知県	新城市		作手財産区	山林	管理会	平成17
	豊川市		一宮財産区	山林	管理会	平成18
	北設楽郡	設楽町	津具財産区	山林	管理会	平成17
三重県	伊賀市		島ヶ原財産区	山林、雑種地、井溝	管理会	平成16
	〃		大山田財産区	山林	管理会	平成16
滋賀県	高島市		今津財産区	用水池・沼地	管理会	平成16
	〃		赤坂川原谷関係財産区	山林	総会	平成17
兵庫県	朝来市		生野財産区	山林	管理会	平成17
和歌山県	紀の川市		龍王財産区	山林	議会	平成18
島根県	益田市		匹見財産区	山林、保安林	管理会	平成16
岡山県	苫田郡	鏡野町	富財産区	山林	管理会	平成17
	〃		上齋原財産区	山林	議会	平成17
広島県	庄原市		比和財産区	山林	議会	平成17
	山県郡	安芸太田町	筒賀財産区	山林	議会	平成16
	山県郡	北広島町	芸北財産区	山林	管理会	平成17
徳島県	三好郡	東みよし町	三加茂財産区	山林		平成18
香川県	綾歌郡	綾川町	陶財産区	山林	議会	平成18
	〃		滝宮財産区	山林	議会	平成18
	〃		羽床財産区	山林	議会	平成18
	〃		扮所地区財産区	山林	議会	平成18
愛媛県	西予市		宇和町財産区	山林	議会	平成16
	〃		明浜町財産区	山林	議会	平成16
熊本県	球磨郡	あさぎり町	上財産区	山林	管理会	平成15

Ⅲ　本悉皆調査と総務省２種の調査結果の比較

都道府県名	本悉皆調査（平成19年3月31日時点）			総務省調査①（平成15年4月1日時点）		総務省調査②（平成15年3月31日時点）	
	財産区を有する市町村数	財産区の合計数	回答率	財産区を有する市町村数	財産区の合計数	財産区を有する市町村数	財産区の合計数
北海道	0	0	98.9	0	0	0	0
青森県	17	209	95.0	28	283	25	255
岩手県	9	17	100.0	12	23	11	20
宮城県	3	5	100.0	4	6	4	6
秋田県	14	61	100.0	28	88	24	64
山形県	15	102	100.0	16	108	17	134
福島県	24	84	98.3	34	95	32	87
茨城県	6	6	100.0	7	11	7	11
栃木県	8	19	96.8	11	23	11	23
群馬県	1	1	94.7	1	1	1	1
埼玉県	0	0	100.0	0	0	0	0
千葉県	2	9	98.2	4	9	4	9
東京都	3	8	100.0	3	8	3	8
神奈川県	6	37	97.0	9	37	7	24
新潟県	11	44	100.0	16	49	12	21
富山県	4	12	93.3	4	11	4	11
石川県	6	8	94.7	7	8	6	7
福井県	2	2	100.0	3	15	2	2
山梨県	17	159	96.4	33	167	35	178
長野県	25	175	97.5	38	194	35	195
岐阜県	18	88	97.6	25	91	24	91
静岡県	24	96	100.0	27	106	26	106
愛知県	9	67	98.4	8	44	10	64
三重県	9	20	96.6	13	23	10	17
滋賀県	13	107	96.2	16	112	16	112
京都府	18	104	96.2	23	145	24	129
大阪府	26	514	95.3	29	668	31	693
兵庫県	23	491	97.6	41	569	40	562
奈良県	8	118	100.0	10	148	5	54
和歌山県	11	48	100.0	19	52	18	47

鳥取県	13	138	100.0	20	107	21	135
島根県	6	11	85.7	6	13	5	12
岡山県	16	423	96.3	26	429	23	406
広島県	13	130	95.7	24	152	19	151
山口県	2	2	100.0	2	2	2	2
徳島県	11	20	100.0	14	22	14	22
香川県	9	41	100.0	16	39	17	43
愛媛県	6	33	100.0	10	42	9	38
高知県	3	5	97.1	3	7	3	7
福岡県	14	179	100.0	19	184	17	59
佐賀県	0	0	100.0	0	0	0	0
長崎県	2	89	100.0	2	89	2	89
熊本県	12	25	95.8	15	23	13	21
大分県	2	2	100.0	2	15	2	15
宮崎県	1	1	100.0	1	1	1	1
鹿児島県	0	0	98.0	0	0	0	0
沖縄県	0	0	100.0	0	0	0	0
合計	442	3,710	98.2	629	4,219	592	3,932

注１：総務省調査①とは『地方自治月報』に掲載される調査（「財産区に関する調」）の結果、総務省調査②とは『地方財政状況調査』に掲載される調査（「財産区決算状況」）の結果である

注２：総務省②の結果には財産区とほぼ実態が同じである一部事務組合も含まれているため、それを引いた値を本表では掲載している

解　題

コモンズ論——とくに、ローカル・コモンズ論——の実証的研究の多くは、いわゆる入会である。わが国の入会を林野にかぎってみても、その実数を把握することは不可能である。そのことはなによりも、入会関係集団の存在を捉えることができないからである。

幕藩体制下においては、江戸・大坂などの大都市の中心部はともかく、町として編成されているところにも入会地はあったから、そのほかのすべての村にも入会地があったとみてよいであろう。したがって、町村の数が入会集団の基本的数字となる。これに、町村において複数の入会集団をもつところがあるから、実数ということになると、徳川時代でさえ、その実数を把握することは困難となる。

幕藩体制が崩壊し、明治国家が成立すると、その、中央集権的体制の編成過程において、まず、御林の官有地編入が行われるから、旧御林の入会を的確に把握することができなくなる。次いで、町村の編成と合併が行われ、旧村が部落となったために、入会は村とのかかわりがなくなり、部落所有もしくは入会集団の私有財産となる。さらに、税制の確立のために土地所有制度として地租改正が行われ、地券制度上において、土地の所有が官有か民有かに大別されたために、入会は分断されて、官有に編入されたものは入会の表示をできなくなる。民有に編入された入会も、地券制度につづく町村制、土地登記制度によって、入会ないしは部落所有の公示ができなくなるために、実態と形式とが分離して存在するようになる。これに、数村入会と他村入会とを加えると、入会の実数を把握することは、ますます困難となる。

町村制の発足によって、財産区を設置したところでは、その形式的表示からは入会であることが不可能となる。この時期に財産区（旧財産区）となったもののほとんどは、入会集団にほかならない。しかし、財産区は、明治末年の内務省・農商務省（農林省）の部落有林野の統一・公有林野の整理政策によって市町村に編入されたものもあるから、財産区自体も入会であるかぎり、中央集権的国家の地方統治上の法の規定のもとにおかれていても決して安泰ではないのである。

明治 31（1898）年の民法制定によって、入会権は民法第二編物権に二か条の規定を設けられ、制定法としてその基盤は確立される。にもかかわらず、内務省と農商務省山林局（のち、農林省）は、それぞれの立場から入会林野が荒廃していることを指摘する。内務省は、市町村の財政的基盤を山林に求めたために、入会林野を市町村に編入して入会権を否定することにあった。これには、国策にもとづく山林政策がその前提にあった。農商務省山林局は、明治初年以来の富国強兵政策によって、山林育成の樹種を限定し、これの推進を展開させる。両省の共通した根底には、この富国強兵政策があった。両省は、入会林野の荒廃と植林の奨励キャンペーンを大々的に行うが、入会集団では、ほとんどこれに応じなかった。その理由は、入会林野は、入会民の生活と生業、それに、自然環境に深く結びついていたからである。入会林野は、行政庁の言うように、荒廃していたり、粗放経営の状態で放置されていたのではない。比喩的にいえば、行政庁によるエンクロージャー（enclosure）であり、国家的収奪である。その前提に立つのは、先ほど指摘したように、富国強兵の国家イデオロギーにほかならない。

戦後において、右の官僚的発想にもとづく入会林野の解体政策は、昭和 41（1966）年の、いわゆる「入会林野近代化法」によって復活する。さきの、部落有林野の統一・公有林野整理政策は、制定法上の根拠をもたなかったが、「入会林野近代化法」というのは制定法によるものである。この法律が、「近代化」ということを標榜していることによっても明らかなように、入会林野は前近代的であるという認識にもとづく。入会林野は粗放・放漫な経営をしており、林業上からは非効率的である。その原因は、入会権という前近代的な法律関係によるものであるとした。この思考もさきの政策と同根である。さきの政策のキャンペーンには、林政・林業学者と地方官僚が動員されたが、今般の「入会林野近代化法」では、民法学者が動員された。民法学者の多くは――裁判官においても――、入会権は封建的遺制であり、したがって、一律的に入会権は前近代的であるということを無概念的に、あるいは素朴な思考で捉えていたために、入会権の解体の実施にたいして、その作業に無批判的に参加したのであろう。この法律は、今日ではほとんど実行をみていない。

「入会林野近代化法」にたずさわった人たちは、入会林野の社会構造や特質について思考することなく、入会林野の「近代化」という一事で入会権の解体に努力してきたのであり、したがって、ここではコモンズ論との実質的断絶が生じる。コモンズ論が構想しているグローバルなかたちで入会を捉えていないからである。きわめて近視的な視野の思考において入会権という権利の解釈という側面でのみ入会権を論じていたのである。ここでは、入会の歴史的・構造的な特質ないしは一般的概念は考慮されていないばかりか、「近代」ということば意識のもとに否定されているのである。

「近代」について、法律学、あるいは法社会学に限ってみるとき、戦後において川島法学の役割はきわめて大きい。「入会林野近代化法」にたずさわった法律学者が、川島法学をどの程度において理解したか、ということに疑問を感じないわけにはいかないが、それはともかくとして、「近代化」のタイトルに拠ったことは明らかである。そのタイトルにしたがっただけで、入会の事実認識や実態調査でさえ捨象している。しかし、その作業の前提にある「近代化」そのものは、再検討されなければならないし、さらに、入会権の封建的特性を位置づける川島所有権論も再検討されなければならない段階にきているように思われる。コモンズ論が提起した問題をどう受け止めるのであろうか。

ところで、コモンズ論者が入会をコモンズ論において、共同・共生ないしは協同の具体的分析と研究を行い、これを共通の基礎的条件とするとき、その理論的構成に不可欠なのは、これまで積み重ねられてきた、すでに一定の体系的理論をもつ経済史学ならびに法社会学の社会構成的発展理論と近代化論の克服であろう。と同時に、それは、入会の再評価ないしは再構成でなければならない。

コモンズ論が、具体的に入会に現実的分析の視点を置くかぎり、近代化論は避けて通ることはできない。それならば、いったい、入会の現実とはなになのか。明治初年以来、入会は民法典において法律上は物権的権利とされながら、法律の不備と、登記制度の不備から、権利の表面上からは姿を消した。したがって、入会は、全国にどのくらいあるのかは把握することはできない。その埋没したなかで、財産区となったものについても、戦前では把握することができなかった。その財産区が――旧財産区・新財産区――統計上において、適確にあらわれるということは、入会財産区のみならず財産区研究を前進させることになる。しかし、それよりも、およそ入会と財産区を重ねて研究をしようとする法律学者にとっては、この財産区の量的出現にはとまどいを感ぜずにはいられない。これほどまでに多くの量があったとは具体的に考えてもみなかったからである。

財産区を入会との関連のもとにおいて捉えるとき、一律に財産区成立の歴史的経緯が明らかにされなければならないが、とくに、旧財産区については重要である。そのほとんどが入会の形式上の転化とみられるからであり、なんらかのかたちでの指導、ないしは強制（zwang）にもとづくものと思われるからである。財産区には、部落集団という社会組織からみると、入会部落集団をそのままのかたちで残しているものもあり、変容しているものもあるであろう。さらに、本来の入会集団としてのかたちを失っているものもあるであろう。物的支配、あるいは所有からみると、総有（Gesamteigentum）ないしは合有（Eigentum zur gesamten hand）に分けられるであろう。

いずれにしても、財産区は、その数量的な把握が可能となったのであり、今後はこれの調査研究を通じて類型化が可能となった。これまで、法律学者が手を付けることができなかった入会の社会的機能やその意義がコモンズ論の側から財産区を手掛かりに明らかにされるであろう。それは同時に法律学における入会の再検討につながる。

2011 年 7 月

元帝京大学大学院法律研究科教授

元アメリカ・ヴァージニア州立ジョージメイスン大学客員教授

北條　浩

参考文献

浅尾原共有地組合『浅尾原共有地組合沿革誌』私家版、2001年。

井上真・宮内泰介編『コモンズの社会学：森・川・海の資源共同管理を考える』新曜社、2001年。

今田美穂、青柳みどり、渡辺貴史、高村典子「ため池の管理組織形態と存続をめぐる費用負担の実態：兵庫県北播磨・東播磨地域を事例に」『農村計画学会誌』27：239-244、2008年。

岩田村のあゆみ編さん委員編『岩田村のあゆみ（岩田財産区史）』上富田町岩田財産区議会、2007年。

太田和紀『注釈法律学全集6　地方自治法Ⅱ』青林書院、1998年。

大橋邦夫「公有林における利用問題と経営展開に関する研究(1)－山梨県有林の利用問題」『東京大学演習林報告』85：85-165、1991年。

川島武宜・潮見俊隆・渡辺洋三『入会権の解体Ⅱ』岩波書店、1961年。

川島武宜・潮見俊隆・渡辺洋三編『入会権の解体Ⅲ』岩波書店、1968年。

小林三衛「財産区の概念」『青山法学論集』第14巻3号、1972年。

齋藤暖生・三俣学「地方行政の広域化と財産区」三俣学・菅豊・井上真編『ローカル・コモンズの可能性―自治と環境の新たな関係』ミネルヴァ書房：13-37、2010年。

齋藤暖生・三俣学「温泉資源の持続的利用と管理制度に関する一考察－長野県上田市別所財産区の事例に基づいて」『温泉地域研究』16：1-12、2011年。

自治省財政局調査課『財産区の概況』、1963年。

自治省『地方自治月報』第42号：628-633、1977年。

自治庁『地方自治月報』第24号：38-39、1959年。

杉原引恭「日本のコモンズ『入会』」、宇沢弘文・茂木愛一郎編『社会的共通資本』東京大学出版会：101-126、1994年。

菅豊・三俣学・井上真「グローバル時代のなかのローカル・コモンズ論」三俣学・菅豊・井上真編『ローカル・コモンズの可能性―自治と環境の新たな関係』ミネルヴ

ァ書房：1-9、2010年。
総務省『地方自治月報』第53号：1072-1076、2005年。
総務省「市町村数の変遷と明治・昭和の大合併の特徴」、2010年。
http：//www.soumu.go.jp/gapei/gapei2.html（2010/12/8 アクセス）
武井正臣・熊谷開作・黒木三郎・中尾英俊編『林野入会権：その整備と課題』一粒社、1989年。
田山宗尭『改正市制町村制附改正要義』警眼社、1911年。
中尾英俊『入会林野の法律問題（新版）』勁草書房、1984年a。
中尾英俊「入会林野整備と生産森林組合」『林業経済』第37巻1号：2-8、1984年b。
中田薫「江戸時代に於ける村の人格」『法制史論集第2巻』岩波書店：963-990、1938年。
北條浩『入会の法社会学　下』御茶の水書房、2001年。
松下和夫・大野智彦「環境ガバナンス論の新展開」松下和夫編『環境ガバナンス論』京都大学学術出版会：3-31、2007年。
松本英昭『新版　逐条地方自治法〈第4次改定版〉』学陽書房、2007年。
三俣学「市町村合併と旧村財産区に関する一考察」『日本民俗学』第245号：68-98、2006年。
三俣学・菅豊・井上真「実践指針としてのコモンズ論—協治と抵抗の補完戦略」三俣学・菅豊・井上真編『ローカル・コモンズの可能性—自治と環境の新たな関係』ミネルヴァ書房：197-217、2010年。
三俣学・齋藤暖生「環境資源管理の協治戦略と対抗戦略に関する一討論：行政の硬直的対応下にある豊田市稲武13財産区の事例から」『商大論集』61（2-3）：151-178、2010年。
室田武・三俣学『入会林野とコモンズ』日本評論社、2004年。
矢野達雄「住民運動と公権論の交錯（1）大阪府箕面市小野原地区の財産区訴訟を中心に」『愛媛法学会雑誌』第31巻第3・4合併号：55-77、2005年。
矢野達雄「住民運動と公権論の交錯（2・完）大阪府箕面市小野原地区の財産区訴訟を中心に」『愛媛法学会雑誌』第32巻第3・4合併号：85-118、2006年。

渡辺洋三編『入会と財産区』勁草書房、1974年。

渡辺洋三他「座談会：財産区（その１）」『自治研究』第35巻第７号：59-100、1959年。（渡辺ほか、1959a）

渡辺洋三他「座談会：財産区（その２）」『自治研究』第35 巻第８号：77-99、1959年。（渡辺ほか、1959b）

渡辺洋三他「座談会：財産区（その３）」『自治研究』第35 巻第９号：73-90、1959年。（渡辺ほか、1959c）

Berkes, Fikret, David Feeny, Bonnie J. McCay and James M. Acheson, "The Benefits of the Commons", *Nature*, 340, pp.91-93, 1989.

Bromley, Daniel W., *Environment and Economy : property rights and public policy*, Oxford : B. Blackwell, 1991.

Hardin, Garrett, "The Tragedy of the Commons", *Science*, 162, pp.1243-1248, 1968.

Ostrom, Elinor, *Governing the Commons : The Evolutions of Collective Action*, Cambridge : Cambridge University Press, 1990.

あとがき

本書を刊行する端緒となった財産区悉皆調査を私たちが検討し始めたのは、文部科学省科学研究費補助金特定領域研究「グローバル時代のローカル・コモンズの管理」の研究プロジェクトが動きだした2006（平成18）年9月のことであった。このときまでに、主に関西在住のコモンズに関心がある若手研究者が集うコモンズ研究会を中心に活発な情報交換が行われ、また、日本のコモンズを扱った書籍も出始め、日本のコモンズの具体像がかなり明らかになってきていた。しかし、いったい日本にはどれほどのコモンズがあるのか、その概観をつかむことができず、もどかしい状況にあった。こうした状況にあって、上述の大型研究プロジェクトがたちあがり、これを機に、日本のコモンズを概括的にとらえるサーベイを行おう、ということになったのである。そこで、私たちが調査の対象としたのが、明確な制度規定をもつ「財産区」であった。

もちろん、財産区という存在そのものがあいまいなものであるという問題が先人によって指摘されており、このことはある程度織り込み済みものとして、行政担当者が「財産区」として取り扱っているものを調査対象と割り切って調査にあたった。実際、調査を始めてみると、そのあいまいさの根深さを実感することになった。例えば、悉皆調査の電話調査過程で、次のような自治体職員の回答があった。当市では、部落有地を処分する案件が発生した時に、それを財産区と認定したのちに処分を行っている、と。つまり、この市においては、財産区は「常にある」ものではなく、「必要に応じてつくる」ものだったのである。また、私たちは、アンケート調査だけではわからない財産区の実態をとらえようと、可能な限り広く足を運び、現地調査も行った。その結果わかってきたのが、所管する自治体当局の裁量次第で、財産区運営が左右されるという、極めてあいまいな制度実態であった。

なるほど、法律・規則では、財産区の運営に関しては、具体的なことはほとんど規定されていない。「現場」に任されているのだ。このこと自体は、ローカル・

コモンズの自律性を考えれば、良いことである。しかし、財産区の場合、「現場」は二つの顔を持っている。一方は特別地方公共団体としての顔で、自治体当局がそれを代表している。もう一方は、地域の財産を自ら生み出した秩序によって連綿と共同利用・管理してきたローカル・コモンズとしての顔である。「現場」にまかせる、という財産区制度のあいまいさは、ときに自治体当局による硬直的で一方的な制度解釈を助長し、地域の歴史・文化を否定しかねない。私たちも、財産区の現場を歩くなかで、そのような苦悩を味わっている実態を目の当たりにしてきたし、中には財産区の解散という苦渋の決断を迫られた地域も見てきた。

私たちが調査してきた限り、こうした行政の硬直化には、とくに平成の市町村合併が大きく寄与している。すなわち、都市部も農山漁村部も含めて行政範囲が極めて広域化したことで、ローカル・コモンズの歴史と実態、財産区の制度的経緯を行政当局が理解しにくい状況が生み出されている。このように考えてくると、もはや財産区制度はローカル・コモンズの受け皿として機能しえないように思えてくる。しかし、私たちはむしろ、いまの時代だからこそ、財産区制度を再評価すべきではないかと考えている。地方行政が広域化し、個別の地域の事情に応じたきめ細やかな対応が難しくなっている中、財産区のような「小さな自治」が自然環境の管理や住民福祉において果たす役割は重要となるからである。大きな自治体ができないことを補完するものとして、財産区は現在の地方制度に親和的なものとして、その可能性を展望することができるのである。

この財産区制度が持つポテンシャルを確実なものにしようと思えば、財産区制度が抱えるあいまいさを是正する必要がある。少なくとも、行政当局がローカル・コモンズの自律性を否定したり、逆にローカル・コモンズが暴走したりするような可能性を回避する仕組みが必要ではないかと考えている。それは、各自治体レベルで実現可能かもしれないし、あるいは、法制度自体の改革が必要かもしれない。私たちはこのような課題の検討にいまだ取り組めていないし、また、私たちだけで到底取り組めないような課題も含んでいる。この本を手にしてくださった皆さんと財産区制度の展望を共有し、地域環境・地域福祉に真に資する財産区制度について議論を深めることができたら、望外の喜びである。

最後に、本書を刊行するまでにお世話になった方々にお礼を申し上げたい。まず、本書は、自治体担当者の方、および財産区役員の方々の協力があってこその成果である。実に多くの自治体担当者の方にご協力いただいた結果、財産区悉皆調査の回答の回収率は98%を超えた。これは特筆すべきことであり、この調査で得られた情報を非常に有意義なものにしている。また、財産区の現実の姿に対する理解を深める上で役立った現地調査も、自治体担当者の方および、財産区役員の方々が親切に対応いただいたおかげである。われわれ研究者仲間にも様々な協力をいただいている。財産区悉皆調査における電話での回答収集にあたっては、大塚潤子氏、小川拓哉氏、塩津ゆりか氏、星野真有美氏、三俣延子氏、山川俊和氏に、貴重な時間を割いてお付き合いいただいた。山本信次氏（岩手大学農学部准教授）には、出版にあたって有益な助言をいただいた。また、著者の一人である浅井が行った福島県伊達市での現地調査については、一橋大学・農林中央金庫寄附講義「自然資源論プロジェクト」から研究助成を受けた。本書は、文部科学省科学研究費補助金特定領域研究「グローバル時代のローカル・コモンズの管理」（代表：室田武）の研究助成を受けて行われた調査研究の成果であり、プロジェクトメンバーの諸氏には時に調査に同行いただき、折に触れて有益な数々の助言をいただけた。以上、お世話になった皆様に記して感謝を申し上げたい。

プロフィール

泉　留維（いずみるい）　1974年生まれ

所属：専修大学経済学部准教授

専攻分野：地域通貨論・コモンズ論

主要著書・論文：泉留維・三俣学・室田武・和田喜彦（2007）『環境と公害：経済至上主義から命を育む経済へ』日本評論社、泉留維（2006）「岐路に立つ地域通貨」『都市問題』Vol.97 No.7、泉留維（2010）「里道が担う共的領域：地域資源としてのフットパスの可能性」三俣学・菅豊・井上真編著『ローカル・コモンズの可能性』ミネルヴァ書房など

齋藤暖生（さいとうはるお）　1978年生まれ

所属：東京大学大学院農学生命科学研究科附属演習林富士癒しの森研究所助教

専攻分野：森林政策・コモンズ論

主要著書・論文：齋藤暖生・三俣学（2011）「温泉資源の持続的利用と管理制度に関する一考察：長野県上田市別所温泉財産区の事例に基づいて」『温泉地域研究』16、齋藤暖生・三俣学（2010）「地方行政の広域化と財産区：愛知県稲武地区の事例」三俣学・菅豊・井上真編著『ローカル・コモンズの可能性』ミネルヴァ書房など

浅井美香（あさいみか）　1979年生まれ

所属：一橋大学大学院経済学研究科博士後期課程、一橋大学自然資源経済論研究補助員

専攻分野：自然資源経済論・コモンズ論

主要著書・論文：泉留維・齋藤暖生・山下詠子・浅井美香（2009）「『公』『共』の狭間で揺れる財産区の現況：財産区悉皆調査より見えてきたもの」室田武編

『グローバル時代のローカル・コモンズ』ミネルヴァ書房など

山下詠子（やましたうたこ） 1980年生まれ

所属：東京農工大学大学院農学研究院（日本学術振興会・特別研究員（PD））

専攻分野：林政学

主要著書・論文：山下詠子（2011）『入会林野の変容と現代的意義』東京大学出版会、山下詠子「入会林野とむら」（2009）坪井伸広・大内雅利・小田切徳美編著『現代のむら：むら論と日本社会の展望』農文協、山下詠子（2009）「所有形態からみた入会林野の現状」井上真編『コモンズ論の挑戦』新曜社など

2011年８月３日　第１版第１刷発行
2022年１月17日　第１版第２刷発行

コモンズと地《ち》方《ほう》自《じ》治《ち》
財産区の過去・現在・未来

著　者 ――――――― 泉留維・齋藤暖生・
浅井美香・山下詠子
カバー・デザイン ―― 峯元洋子
発行人 ――――――― 辻　潔
発行所 ――――――― 森と木と人のつながりを考える
㈱日本林業調査会
〒162-0822
東京都新宿区下宮比町２-28 飯田橋ハイタウン204
TEL 03-6457-8381　FAX 03-6457-8382
http://www.j-fic.com/
J-FIC（ジェイフィック）は、日本林業調査会（Japan Forestry Investigation Committee）の登録商標です。
印刷所 ――――――― 藤原印刷㈱

ISBN978-4-88965-209-3